しかけに感動する「京都名庭園」

京都の庭園デザイナーが案内

烏賀陽百合

誠文堂新光社

はじめに

日本庭園には、さまざまな「しかけ」が隠されている。

それを読み解き、理解していくと、今まで気が付かなかった美しい景色が見えてくる。それはまるで、庭に散りばめられた暗号のようだ。

しかけを知ると、日本庭園は美の宝庫であることに気付く。そして日本人の美意識、知識、文化、技術が詰まった、芸術作品であることが分かる。

たとえば「蓬莱思想」を理解すれば、庭に隠されたしかけが分かる。単なる石

花見の名所、醍醐寺が春を迎える。

が不老不死の仙人が住む秘境の山になり、白砂が大海の景色に変わる。鶴島や亀島も生き生きと見えてくる。日本人にとって「長寿」というものがいかに尊い、おめでたいことであるかが、庭から理解できるのだ。

　また庭を作った作り手の意図を知ると、庭はますます面白くなる。権力者が己の力を誇示するためにわざわざ名石を庭に運ばせたり、自分の庭に川を流すために琵琶湖疏水を引き込んだり……。そういったエピソードを知ると、庭がとても身近に感じられる。庭から何とも人間くさい、作り手の想いが伝わる。

　それらを知ると、今まで見ていた景色が一変する。日本庭園の面白さはそこにある。

日本では、美を理解するために、「想像力」を必要とさせる。これは他の国にはない、日本人特有の鑑賞方法と言える。想像力を持って庭を見ると、ただの石組が、流れる滝を登る鯉の姿に変わったり、林の中で佇む仏様の姿に変わる。石や樹々が、想像力によって更に美しい景色に変わるのだ。

そんな高度な鑑賞方法を自然と身に付けている日本人の感性は、素晴らしい。何百年もの間に研ぎ澄まされ、培われてきた日本人の美意識や感性が、美しい文化を作ってきた。日本庭園はその最たるものなのだ。

庭を見る時に、何が一番この場所で意図を持って作られているのか、何を主張

新緑がまばゆい初夏の建仁寺、潮音庭。

したいのか、それらを考えて見るとまた違った楽しみ方ができる。

庭の中のハイライトを「フォーカルポイント（focal point）」と呼ぶ。これは、「庭での視界の中心になる部分で、視線が最も集まる見せ場」のこと。作者の意図がどこにあるのか、それを読み解く楽しさが日本庭園にはある。それは滝や川、石組や灯籠、またさりげなく置かれた石の場合もある。

作者の意図を知ると、その「人となり」が見えてくる。精神性が表されたり、その人の美的センスが表現されたり、また供養の目的という場合もある。庭の個性は、このフォーカルポイントに表わされている。庭の個性を知ると、庭への親しみもより深まるだろう。

庭への親しみは、自然への慈しみの気持ちに繋がる。日本人が自然を慈しむ想いは、日本庭園の自然への繊細な表現に反映されている。

紅葉燃える、秋の詩仙堂。

桜や楓《かえで》の彩りで「四季の美しさ」を、松などの常緑樹で「変わらない美」を、竹林で「山中の趣き」を表現する。日本人の自然への感性が、日本庭園の美しい景色を作っている。そして苔むした自然に、日本人は幾代も変わらぬ永遠の時間を感じる。

いつの時代も日本人は自然を愛し、大切にしてきた。それは、自然には自分達では太刀打ちできない、美と悠久の時間の流れを感じるからだろう。

「君が代」にも歌われるように、日本人の価値観の中には、永遠《とわ》に八千代《やちよ》に続くものへの畏怖の念がある。それは石であり、一面に広がる苔であり、自然が作る美しさにある。日本庭園は、自然を愛でてきた日本人の歴史でもあるのだ。

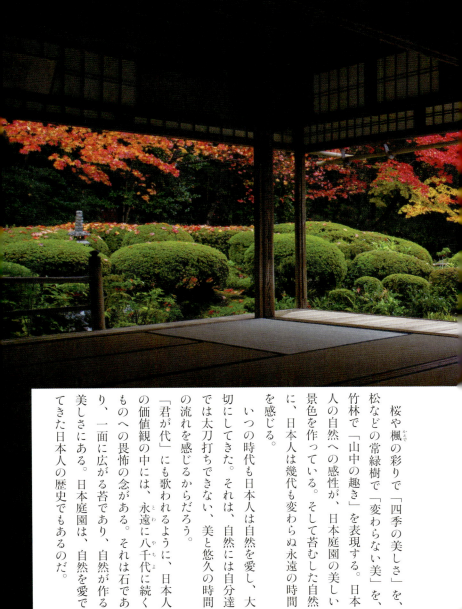

日本庭園を楽しむことは、小説を読むことと似ている。

昔読んだ本を何年後かに読み返すと、以前気が付かなかったことや、分からなかったことが理解できて、自分が歳を重ねたことを知る。庭も同じで、同じ場所を何年後かに訪れると、以前は感じなかったものが見えてくる。

数年前、案内したヨーロッパの五〇代の女性二人が、それぞれ違う時に東福寺の小市松模様の庭を訪れ、涙を流して泣

雪化粧した冬の天龍寺、曹源池庭園。

いていた。その時はなぜ泣いているのか分からなかったが、最近この庭を見ると、不思議と二人の気持ちがよく分かる。

　包み込むような安心感が、ここの庭にはある。時間を経ても変わらないものの存在や、自分はそのままで構わない、という安堵感を覚える。これは大人になって、さまざまな経験を経てきたからこそ感じるものなのではないだろうか。心の感じ方によって、日本庭園の景色は変わる。日本庭園が奥深いと思うのはそんな時だ。

　ぜひ日本庭園を訪れ、自分の目で、心で感じて欲しい。先人達の想いを知ることで、自分のことも知ることができる。日本庭園には、そんな魅力がいっぱい詰まっている。

CONTENTS

目次

しかけに感動する「京都名庭園」

写真／三宅徹（74・75ページ、94〜101ページ、172・173ページを除く）・中田昭（94〜101ページ）
編集協力／山本貴也　デザイン／吉原敏文

※本書掲載の情報は二〇一八年三月一日現在のものです。

GARDEN.01

平等院

Byodo-in

一〇〇〇年の
月日を
灯籠が見守る

1052年（永承7年）、藤原《ふじわらの》頼《より》通《みち》が父・道長から譲り受けた別荘を仏寺に改め平等院とした。国宝の鳳凰堂は1053年（天喜元年）の落慶。鳳凰堂は庭園に広がる阿《あ》字《じ》池《いけ》の中島に建てられており、池面に映る姿が美しい。

【住　　所】京都府宇治市宇治蓮華116
【拝観時間】8時30分～17時30分
【Address】116,Renge,Uji,Uji-shi,Kyoto-fu

❖浄土への憧れが庭園作りの原動力に

ロンドンから南に車で一時間ほど行った、王立植物園「キューガーデン」付属のウェイクハースト・プレイスという庭園でインターンシップとして働いていた時、週末毎に小さな車を運転して、郊外の庭園を見て回った。イングリッシュガーデンの、多年草の植物を巧みに使った色とりどりの花や植物の使い方は見事で、その組み合わせ方はとても美しかった。ローマ時代の石の鉢などが中心に置かれ、その周りで花々が咲き乱れる。まるで天国にいるような美しい景色だった。

庭園にはその国の文化がよく表れている。その国の歴史や風土、宗教などを理解しないと、本当の庭の魅力は見えてこない。

イスラム庭園は、コーランの中で描かれる「来世の楽園」を地上に表したもの。中央に噴水を置き、四本の水路により庭園を四分割する。水路は水、乳、蜂蜜、酒を意味し、死後に行くことができる理想の世界を表している。

四分割された庭にはアーモンドなどの実のなる木や、オレンジやレモンなどの果樹、そして美しい花が咲く植物が植えられ、まさに「地上の楽園」。厳しい自然の中で暮らす砂漠の民にとって、常に豊かな水があり、果樹がたわわになり、日陰を作る庭の姿は理想郷だった。古代ペルシャではこうした庭を「パイリダエーザ」と呼び、これが楽園を意味する「パラダイス」の語源となった。

日本庭園も「極楽浄土」を表現したものが多い。苔寺として有名な京都の西芳寺や金閣寺の庭も、極楽浄土を表している。昔から人は死後の世界を現世に作り、こんなに美しい世界に旅立てるのだから大丈夫、と安心したかったのだろう。この願望はどの時代にも、どの世界にも共通する。そしてこの願望のお陰で沢山の素晴らしい庭が作られた。信仰心が美しい庭園を作る原動力となった。平等院《びょうどういん》の庭園もその一つだ。

宇治の平等院の鳳凰堂は、平安時代に藤原頼通《ふじわらのよりみち》によって作られた。阿弥陀如来坐像が安置される中堂と、向かって右と左に伸びる北翼廊と南翼廊のバランスが完璧で、一〇円玉に描かれるのも納得の美しさだろう。

元々ここには藤原道長の別荘「宇治殿」があった。平安時代、宇治は風光明媚な場所として貴族の別荘地であった。道長の死後、長男の頼通が寺院に改め、一〇五二年（永承七年）に「平等院」とした。藤原頼通は、五〇年近く関白として政治の中枢にいた人物。道長よりも影は薄いが、長い間政治を司ったところを見ると、かなりの手腕の持ち主であったのだろう。道長と共に藤原家の繁栄を築いた。

そんな彼にも心配事があった。世は、釈迦入滅から二〇〇〇年目以降、仏法が廃れるという「末法思想」の真っ只中。平等院が寺院となった一〇五二年はまさに「末法」の元年に当たる年だった。貴族達は極楽往生を願い、こぞって仏教に帰依し、多

平等院鳳凰堂。中堂から北翼廊と南翼廊がシンメトリーに伸びる。

くの寺院が建立された。しかし、死後無事に極楽浄土に行けるかどうか確証はない。そこで彼は自分のためだけに、宇治に極楽浄土の世界を作った。

一〇五三年（天喜元年）に阿弥陀堂（鳳凰堂）が完成し、平安時代の仏師・定朝《じょうちょう》による阿弥陀如来坐像が安置された。約一〇〇〇年も前の貴族が建立した寺院と庭園が現存するのは平等院のみで、とても貴重だ。

❖鳳凰堂は平安時代の「極楽浄土テーマパーク」

この鳳凰堂は、見た目の美しさが一〇〇パーセント重視された、なんとも珍しい建築になっている。機能性を考えた建築の造りでは一切ない。頼通は「自分が死ぬまで建物が持てばいい」という考えで、当初屋根瓦は腐りやすい木瓦だったという。

平等院学芸員の田中正流《たなかまさる》氏は、調査のため鳳凰堂の楼閣の上に上がった時、建物としてあまりにも機能性を欠くのでとても驚いたそうだ。楼閣の縁は歩くにはあまりにも狭く、立つと頭が屋根に当たる。躙口《にじりぐち》よりも小さい扉を開けて中の様子を窺うと、なんと建物の中には床がなく、そのまま下の柱に繋がっていた。つまりこの楼閣は張りぼて。ここに上がって景色を眺めることは、まったく想定されていない。

北翼廊と南翼廊の渡り廊下は地面からかなり高く、はしごも階段もないので上がることができない。驚くことに、よく見ると渡り廊下と中堂はまったく繋がっていない。

中堂と翼廊を結ぶ渡り廊下は、実際には渡ることができない。

渡り廊下は中堂に行くためのものではなく、単なる「お飾り」なのだ。まるでどこかの遊園地にあるシンボリックなお城のようだ。美しさだけを追求した究極の建築。鳳凰堂は藤原頼通の理想を表した、見た目重視の「極楽浄土テーマパーク」なのだ。

灯籠から一〇〇〇年の月日に思いを馳せる

平等院の庭園で注目して欲しいのは、鳳凰堂の前に据えられた「平等院型灯籠」だ。通常の灯籠は、ロウソクを灯す火袋の部分が一つの石で出来ている。しかし、平等院型灯籠は向かい合う二枚の板石によって火袋が作られている。

この平等院型灯籠は、興福寺にある国宝「金銅燈籠」を参考にして藤原頼通が作らせたと言われている。初めは金銅だったが、今は石灯籠。基礎の石は平安時代、笠や竿の部分は鎌倉時代、宝珠や火袋は室町時代のものと言われる。この灯籠が一〇〇〇年という時間ずっと平等院を見守って来たのかと思うと、えも言われぬ感動を覚える。

石は変化することなく、ずっとその場所にあり続ける。何百年もの時代を経て、その風景を伝えてくれる。そして石を通じて昔の人と繋がるような気持ちになる。どんな人がこの石を選んだのか、どんな職人がこの灯籠を彫ったのか、どんな庭師がここに設置したのか……。そんなことを想像するだけで楽しい。平等院型灯籠を見ていると、そんな長い月日を感じさせてくれる。

鳳凰堂前に置かれた平等院型灯籠。向かい合う二枚の板石によって火袋が作られているのが特徴。

藤原頼通も、まさか自分のためだけに作った極楽浄土の世界が一〇〇〇年も残り、後世の人々にこれほど愛されるとは思ってもみなかっただろう。当時はもちろん周りに囲いなどなく、鳳凰堂から宇治川までずっと景色が繋がっていた。学芸員の田中氏が「当時、『極楽いぶかしくば（信じられなくなったら）宇治の御寺《みてら》をうやまえ』という『後拾遺往生伝《ごしゅういおうじょうでん》』の一節が童謡にも歌われていたそうです。宇治川から眺める鳳凰堂の姿はさぞかし美しかったでしょうね」と話してくださった。山や川の自然の風景に浮かぶ鳳凰堂は、まさに極楽浄土そのものであっただろう。

庭園に広がる阿字池《あじいけ》の護岸調査が一九九〇年から行われ、平安時代の州浜の遺構が見つかった。それまで鳳凰堂の前は江戸時代に作られた、白砂が敷かれた枯山水《かれさんすい》風の庭だったが、調査後、再び平安時代の姿に戻された。調査で池に橋が架けられていたことも分かり、現在は鳳凰堂へ向かうための二つの橋が復元されている。州浜には発掘調査で見つかった平安時代の石も使われた。

田中氏によると、今の景色が創建当初の姿に一番近いという。現代のテクノロジーと、沢山の調査や人々のお陰で、極楽浄土の庭園が蘇った。

実は今もまだ末法の真っ只中。何かを信じたくなったら、平等院を見に来るといい。一〇〇〇年の月日と、それを支えて来た人達の想いが、きっとあなたを幸せにしてくれることだろう。

一九九〇年からの護岸調査を元に、鳳凰堂へ向かう二つの橋が復元された。

1

2

[1] 秋の平等院鳳凰堂。
阿字池の水面に映る姿が美しい。

[2] 平成の護岸工事で
平安時代の美しい州浜が蘇った。

GARDEN.02

大徳寺
瑞峯院

Daitoku-ji Zuiho-in

深く
美しい
砂紋を楽しむ

キリシタン大名として知られる大友宗麟《おおともそうりん》が1535年（天文４年）に菩提寺として創建した、臨済宗大徳寺派大本山・大徳寺の塔頭《たっちゅう》。砂紋が美しい「独坐庭《どくざてい》」、景石が十字架を表す「閑眠庭《かんみんてい》」と、重森三玲《しげもりみれい》による独創的な庭を楽しむことができる。

【住　　所】京都府京都市北区紫野大徳寺町81
【拝観時間】9時～17時
【Address】81,Daitokuji-cho,Murasakino,Kita-ku,
Kyoto-shi,Kyoto-fu

❖ニューヨーカーを感動させた日本庭園

二〇一七年三月、ニューヨークのグランドセントラル駅で石庭を作る機会をいただいた。日本政府観光局が主催する「Japan Week」という観光推進イベントの会場に日本庭園を作るプロジェクト。京都の若手庭師さん二人と一緒に、古事記に登場するイザナギノミコトとイザナミノミコトの日本創世の神話「大八洲《おおやしま》」をテーマにした枯山水庭園を作った。

三日間だけのイベントであったが、ニューヨーク近郊で見つけた一七世紀の採石場の石と石楠花《しゃくなげ》、馬酔木《あせび》、地元の松などの植物を使い、五×一〇メートルの石庭を出現させた。白砂も苔もアメリカ産。大理石の建物にシャンデリアが吊るされた西洋建築の空間に石庭が合うのか心配だったが、完成してみると意外にもすっと空間に馴染んだ。

会場には多くの人が訪れ、世界一忙しいと言われるニューヨークの人達が石庭の前で立ち止まってくれた。驚いたのは、沢山の方から「殺風景な駅にこんな素晴らしい庭を作ってくれてどうもありがとう！」とお礼を言ってもらったことだった。その感謝の気持ちがとても嬉しく、人生の中で最も素晴らしい経験となった。

イベント用の庭園であるにも関わらず、見に来てくれた人達が庭の周りでゆっくり

二〇一七年三月、ニューヨークのグランドセントラル駅に枯山水庭園が出現した。（写真・鳥賀陽百合）

と過ごしている姿も心に残った。本を読んだり、庭のスケッチをしたり、ただぼーっとしたり、半日子供と過ごすお父さんまでいる。

そこにはアメリカの人達の「庭でゆっくりと過ごす日常」があった。各々が庭を眺めながら好きなことをしてのんびりと過ごす。そんな風景が当たり前にあることが少し羨ましかった。ニューヨークに行く前は「日本庭園の素晴らしさを海外の人に伝えよう！」と意気込んでいたが、逆に向こうの人達に「日常の中でゆっくりと庭を楽しむ時間の過ごし方」を教えてもらったような気がした。

❖日本庭園は「想像力」で情景が現れる

ニューヨークの人達からはさまざまな質問を受けたが、一番多かったのが、「石や砂紋が表す意味は？」だった。砂紋とは、敷砂の上に砂紋引きと呼ばれる熊手状の器具で描いた模様のこと。枯山水庭園では白砂などを使って海に見立て、模様をつけて波や水紋を表す。せっかくの機会なので庭師さんに砂紋を引くパフォーマンスを披露してもらったのだが、沢山の人が庭の周りに集まって、写真や動画を撮ってくれた。砂紋引きを体験できるワークショップにも大勢の人が集まった。参加してくれたアメリカ人の女の子は「砂と石だけで風景を作ることができるなんて、日本庭園は素晴らしいわね！」と感動してくれた。

砂紋の他に、日本庭園には「石で見立てて表現する」という手法がある。自然石を使って、仏様や山、鶴や亀、なんと鯉にも見立てる。この手法は西洋庭園やイスラム庭園などの海外の庭園では見られない、日本独自のものだ。見る側に「想像力」や「知識」を必要とさせる、日本の文化が表れている。不老不死の仙人が住む蓬萊山や、鯉が滝を登ると龍に変わるという登龍門の話を石で表現する。そこには自然や動物を愛する日本人の豊かな想像力や創造力が溢れている。

これらの庭を見る時に予備知識がないと、庭で何が表現されているのか分からない。知識と想像力を働かせて見ると、石が置かれているだけの庭が伝説の山になったり、流れる滝を登ろうとする鯉の躍動感溢れた景色に変わる。

目に見えるものだけでなく、想像力も使って美しい情景を表現しようとする、日本人の想像力の豊かさに驚かされる。

❖雪で実感した砂紋の完璧さ

大徳寺の塔頭《たっちゅう》である瑞峯院《ずいほういん》。ここは室町時代、九州のキリシタン大名だった大友宗麟《おおともそうりん》の寺院で、創建は室町時代と歴史が古い。方丈の建物は一五三五年（天文四年）に建造されたもので、唐門、表門ともに当時の禅宗建築を今に伝える。庭園は昭和の名作庭家、重森三玲《しげもりみれい》によるもので、一九六一年の作。ここでは室町時代の建築と昭和のモダンな庭園がすんなりと同居している。

この方丈庭園は「独坐庭《どくざてい》」と呼ばれ、「一人静かに庭を見て座し、己を知る」という意味。島を表す苔と大海を表す白砂の大胆なデザインとその迫力に、圧倒される。石組の中で一番大きな石が表すのが、不老不死の仙人が住むと言われる蓬莱山。白砂に突き出た石は半島を表し、大海に突き出た岩壁の様子が、さまざまな石を使って見事に表現されている。

この庭園でひと際目を引くのが、美しい砂紋だ。ここの砂紋の特徴はその「深さ」。荒波を表すここの砂紋は、他の庭園と比べるとかなり深い。そしてデザインがとても美しい。重森三玲のこだわりが表れていて、どこから眺めても完璧だ。

京都に大雪が積もった冬の朝に、ここの庭を訪れたことがある。砂紋に積もった雪がふんわりとした模様を作り、美しい「雪紋」を浮き上がらせていた。それは今まで見たことがない、夢のような光景だった。重森三玲は雪が積もった時の景色まで計算したのではないかと思うほど、彼が施した砂紋のデザインは完璧だ。

方丈の北側の庭園は「閑眠庭《かんみんてい》」と呼ばれ、同じく重森三玲の作。斜めに引かれた砂紋の中に据えられた横三個、縦四個の計七個の景石のバランスが美しい。これらの石が表しているものはなんと「十字架」。キリシタン大名だった大友宗麟へのオマージュとしてデザインされた庭で、中庭にある織部灯籠（キリシタン灯籠）から直線を

方丈庭園・独坐庭の砂紋は深い。今も前住職、現住職によって砂紋が引かれる。

伸ばしていくと十字架の縦のラインが見えてくる。禅寺の庭に十字架が表現されているのはここだけだろう。その大胆な発想とデザインに五〇年経った今も驚かされる。

今年八〇歳の前田昌道《まえだしょうどう》前住職は、今も二時間かけて庭の砂紋を引いておられる。大変な作業ではないですかとお聞きすると「この歳になっても、砂紋を引き、庭を綺麗にさせていただけるのは幸せなことです」と柔らかな笑顔だった。

農機具を改良したという鉄製の砂紋引きの道具を見せていただいたのだが、持ってみるとズシッと重い。その道具を使い、フゥフゥと汗を流しながら砂紋を引いておられる姿はとても感動的だった。禅の修行は、まさにこういう日常のお勤めの中にあるのだと実感した。そうやって出来上がった砂紋は本当に美しい。

実はニューヨークで作った石庭の砂紋は、瑞峯院のものを少し真似させていただいた。洗練された模様が、ニューヨークのグランドセントラル駅にぴったり合うと思ったのだ。予想は当たり、石と砂紋が織り成す模様が西洋の建物と調和し、美しい空間となった。多くの人が庭の周りでゆっくり過ごしてくれたのも、この砂紋の美しさが伝わったからだろう。砂紋こそ、日本庭園文化の粋《すい》を極めたものだ。

美しい砂紋が引かれているということは、それをこまめにお手入れする誰かの存在があるということ。手の掛かった作業が、砂紋をますます美しいものに見せる。ゆっくりと眺めて、その美しさを心に留めたい。

閑眠庭の七個の景石は十字架を表している。

1

2

[1] 独坐庭。
大海を表す白砂のデザインが美しい。

[2] 雪が積もった冬の独坐庭。
見事な「雪紋」が浮かび上がっている。

GARDEN.03

天龍寺

Tenryu-ji

「登龍門」を
表現した滝石組の
最高峰

1339年（暦応2年）、後醍醐天皇の菩提を弔うために足利尊氏が創建。開山は夢窓国師《むそうこくし》。境内にある曹源池《そうげんち》庭園は中央の曹源池を巡る池泉回遊式庭園で、夢窓国師の作庭によるもの。方丈から見て正面にある龍門瀑《りゅうもんばく》の鯉魚石《りぎょせき》は、鯉が龍となる途中の姿を表現しており珍しい。

【住　　所】京都府京都市右京区嵯峨天龍寺芒ノ馬場町68
【拝観時間】8時30～17時30分（3月21日～10月20日）、
8時30分～17時（10月21日～3月20日）
【Address】68,Tenryujisusukinobaba-cho,Saga,Ukyo-ku,
Kyoto-shi,Kyoto-fu

❖ハーンが賞賛した「自然に対する日本人の感性」

耳なし芳一や雪女などの日本の怪談を書き記した「怪談」でよく知られる小泉八雲、本名ラフカディオ・ハーン（Patrick Lafcadio Hearn／一八五〇〜一九〇四年）は、小説家であり、また日本文化への造詣が深い日本研究家だった。

ハーンは、当時イギリス領だったギリシャのイオニア諸島にあるレフカダ島でアイルランド人の父とギリシャ人の母の間に生まれる。幼少の時アイルランドに移住。ヨーロッパ各地に住み、一九歳でアメリカに渡り、今度は世界各地を転々とする。一八九〇年（明治二三年）、四〇歳で通信記者として来日するが、すぐに契約を破棄、島根で英語教師となる。翌年小泉セツと結婚、一八九六年（明治二九年）には帰化して小泉八雲と改名した。なかなか波瀾万丈な人生だ。

そのハーンが来日して初めて書いた作品集「知られぬ日本の面影」には、彼の目を通した日本文化が全七〇〇ページにわたって詳細に綴られている。私達日本人も気付かない、ささいな文化にも彼は鋭い考察を残している。この中で彼が日本庭園の石について書いている文章が面白い。

「特に忘れてはならない大事なことは、日本庭園の美を理解するためには、石の美しさを理解しなければならないということだ。石といっても、人の手で切り出されたものではなく、自然の営みで生まれた自然石のことである。石にもそれぞれ個性があり、石によって色調と明暗が異なることを、十分に感じ取れるようにならなくてはいけない。そうでないと、日本庭園の美しさの真髄が心に迫ってくることはないだろう。（中略）日本人の中には生まれながらにしてその感覚が宿っている。自然を、少なくともその目に見える形のまま理解することにかけては、日本人は私たち西洋人よりもはるかに優れている民族なのだ」

この文章は、どんな庭園解説本よりもすっと私の心に入った。明治の時代、しかも外国人によって日本人が石を慈しむ文化がすでに読み解かれていることにも驚いた。日本人が自然石に畏怖の念を覚え、信仰する文化は、古代から続いている。巨石信仰などに表される自然崇拝は、豊かな自然に囲まれた日本人が自然に身に付けた信仰心だろう。石、木、山、さまざまなところに神は宿っている。その感覚は日本人なら普通に持っている。ハーンが言っている通り、私達はさりげなく置かれた枯山水の庭石にもその美しさを見出すことができる。

龍安寺《りょうあんじ》の石庭は、その一番分かりやすい例かもしれない。外国人がこの庭を賞賛するのは、禅に代表されるシンプルで簡潔な美が良いだけではない。日本人が自然に理解できる石の美しさを、外国人も理解したいと思うからだ。海外の人はとても正直で、「龍安寺の石庭の良さが自分はよく分からない」と率直な感想を言う人が多い。しかし「でもこの美しさをもっと理解したい」と長時間ここで過ごす人も多い。日本庭園の奥深さを、石から理解したいのだ。

❖夢窓疎石のセンスが横溢する「龍門瀑」

天龍寺《てんりゅうじ》の曹源池《そうげんち》庭園の中心となる曹源池の対岸に、龍門瀑《りゅうもんばく》を表す滝石組《たきいわぐみ》がある。一見目立たないこの滝石組の意味や、石の美しさを理解しないと、その真髄は見えて来ない。この滝石組は、室町時代の高僧・夢窓国師《むそうこくし》（夢窓疎石《むそうそせき》）によって作られたと伝えられる。夢窓国師は朝廷からも武家からも尊敬されていた人物。国で一番偉い僧侶に与えられる「国師」という称号を、歴代の天皇から七回も賜った。七回の中には疎石の没後与えられたものもある。金閣寺や銀閣寺では、疎石はすでに亡くなっていたにも関わらず、開山（初代住職）として扱われている。

天龍寺を建立したのは、室町幕府初代将軍の足利尊氏。一三三八年（暦応元年）、尊氏は征夷大将軍となった。そして翌年の一三三九年（暦応二年）、後醍醐天皇が吉野で崩御する。夢窓国師は、後醍醐天皇の菩提を弔うため、寺院の建立を尊氏に勧める。一三三九年、後嵯峨《ごさが》天皇とその皇子の亀山天皇の離宮「亀山殿《かめやまどの》」があった嵐山の地に、天龍寺は創建された。「亀山」とは、天龍寺の借景となっている小倉山のこと。天龍寺の山号の「霊亀山《れいきざん》」もここから来ている。

曹源池の対岸にある、龍門瀑を表す滝石組。

しかし創建はしたものの造営資金が足らず、天龍寺の建設はままならなかった。そこで資金調達のために、元寇以来途絶えていた中国との貿易を再開する。中国に送られた貿易船は「天龍寺船」と名付けられた。これは足利尊氏の弟・直義《ただよし》と夢窓国師のアイデアと言われている。結果無事資金も集まり、一三四五年（貞和元年）、開基足利尊氏、開山を夢窓国師として、天龍寺で落慶法要が営まれた。

龍門瀑に話を戻そう。この滝石組は、元々水が流れていた。しかし、明治時代の大堰川の治水工事により水が枯れてしまったそうだ。江戸時代の京都の名所名園のガイドブック「都林泉名勝図会《みやこりんせんめいしょうずえ》」（一七九九年）を見ると、江戸時代には水が轟々と流れていた様子が描かれている。

龍門瀑とは中国の故事「登龍門」を表したもので、鯉が滝を登りきると龍に変わる、というもの。これが「精進すれば成功する」ことの象徴となり、禅僧の修行や武家社会の立身出世として受け入れられた。夢窓国師はこのテーマを好み、西芳寺（苔寺）にもこの龍門瀑をテーマにした枯滝石組《かれたきいわぐみ》（最初から水は使わず、石組だけで水を表現した滝のこと）を作っている。

天龍寺の龍門瀑は、他のものと比べ少しイレギュラーなデザインになっている。普通、鯉を表す「鯉魚石《りぎょせき》」は魚のような細長い形のものを使う。そして今から滝を登る様子を表すため、滝の下に据える。

しかし、ここでは鯉魚石は滝の真ん中部分に置かれている。その上、太ったボウリングのピンのような、奇妙な形をしている。これは鯉から龍に変わる一瞬の姿をこの一石で表現しているからだ。石で躍動感溢れる一場面を表現しようとした夢窓国師は、凄い作庭家だ。そして、それに合った鯉魚石を慎重に選んでいる。滝の水を落とすための水落石《みずおちいし》として使われている青石も美しい。

この龍門瀑のデザインと石の選択が、夢窓国師の芸術的感覚を物語っている。今までさまざまな作庭家が作った龍門瀑を見てきたが、未だこれを抜く作品には出会っていない。龍門瀑ランキング、殿堂入りなのだ。

ラフカディオ・ハーンは先述の本でこう書いている。「もし天性の芸術的感覚を持ち合わせているなら、遅かれ早かれ、こうして自然に造られたものの方が、機械で加工したものよりどれだけ美しいか、かならずや気づくにちがいない」

自然石を使った庭園は、日本人の芸術的感覚の表れ。日本庭園にとって、石はそれほど大切な要素だ。石の美しさが庭園の価値を決める、と言っても過言ではない。それゆえに、作庭家達は注意深く石の選択を行う。

室町時代、夢窓国師はその芸術的センスで石を選び、天龍寺や西芳寺のような素晴らしい庭を残した。美しい庭には、美しい石がある。そして、石を据える作庭家のセンスがある。日本庭園は「石」「人」「自然」の調和で出来上がっているのだ。

──秋の曹源池庭園。曹源池の奥に龍門瀑が見える。

1

2

[1] 春の桜の季節、
書院（小方丈）から曹源池庭園を望む。

[2] 秋、借景となっている小倉山の紅葉と溶け込み、
一幅の絵を思わせる風景となる。

その一

京都の市バスには暗黙のルールがある

よく、他府県の人から「京都のバスは難しくて乗り方が分からない」と言われる。これは①バスの種類がありすぎて路線が複雑すぎる、ということと、②乗り方自体難しくて分からない、からだ。

①は、京都人もよく分かっていない。自分が普段乗る路線以外はさっぱり分からないので、尋ねられても答えられない。大きな交差点になると同じ名前のバス停がそこら中にあり、どこで乗っていいのか分からない。特に「四条河原町」は地獄だ。バス停を探してさまようことも多々ある。

②は、京都人にしか分からないルールがある。まず、京都人はバス停で並ばない。皆、バス

停付近でふんわり待つ。そして、お目当てのバスが来たらサーッとバスの扉を目がけて集まってくる。これはいろいろな系統のバスがランダムに来るので、並んでも意味がないからだ。そして、京都の道は狭いので並ぶスペースもない。自分が乗りたいバスが来たら何となく集まって来るシステムは、よく出来ている。

乗る順番にも暗黙のルールがあって、完全なる年功序列。先にバスに乗れるのはお年寄りだ。このルールを知らないで先に乗ろうとすると、場合によっては入口でもみくちゃになる。京都はお年寄りファースト、の街なのだ。

最近はICカードを使えるようになったのでだいぶ精神的に楽になったが、つい最近まで、京都の市バスは現金か回数券しか使えなかった。運賃はおつりのないように払わないと、運転手から叱られる。細かいお金がなくて一万円札なんか出そうものなら、とても怒られる。マイクを使って「誰か一万円を細かくできる人いませんかー?」と聞かれる。ここで誰も名乗り出てくれないと地獄だ。この間バスはずっと止まったまま出発しない。お客さん達からの冷たい視線が背中に集まる。私はこれを「公開処刑」と呼んでいる。京都人ならばこれは誰しも経験があり、その恐怖から常に大量の小銭を持ち歩くようになる。私はいつも回数券を一枚、財布に入れていた。

暗黙のルールを知らないと、京都の市バスは乗りこなせない。コツが必要なのだ。

GARDEN.04

南禅寺 金地院

Nanzen-ji Konchi-in

永遠の繁栄を
願った
常緑樹の庭

臨済宗南禅寺派の大本山である南禅寺の塔頭。応永年間（1394～1427年）に北山に創建された寺を、徳川家康の政治顧問・以心崇伝《いしんすうでん》が現在の地に移築した。「鶴亀の庭」と呼ばれる方丈前庭庭園は、小堀《こぼり》遠州《えんしゅう》の作による江戸時代初期の代表的な枯山水庭園。背景の常緑樹も特徴的。

【住　　所】京都府京都市左京区南禅寺福地町86-12
【拝観時間】8時30分～17時
【Address】86-12,Fukuchi-cho,Nanzenji,Sakyo-ku,
Kyoto-shi,Kyoto-fu

❖砂と石で風景を表現する日本独自の庭園、枯山水

最近、海外でも枯山水の庭が人気だ。枯山水は英語で「Zen Garden（ゼンガーデン）」と呼ばれ、日本庭園と言えば禅の庭！というイメージが強いようだ。龍安寺の石庭はまさしく理想の日本庭園らしい。シンプルかつ美しく、その美しさはすぐに理解できるものではない。ゆっくりと庭を眺めて、その意味や作者の意図を考察する行為が、彼らにとって「禅」なのだ。

「Zen（禅）」という言葉も若い外国人には魅力的なようだ。二〇代のアメリカ人女性から「禅はカッコイイ言葉ってイメージで、I feel Zen!（アイフィールゼン！＝禅を感じるわ！）とか、動詞としてI Zen!（アイゼン！＝禅してる！）みたいに使ったりするわよ」と教えてもらった。室町時代の禅僧が聞いたらびっくりするに違いない。禅は今やオシャレで、洗練されたイメージなのだ。

枯山水は、それまでの日本庭園の歴史を一八〇度変えた、画期的なスタイルの庭園。そして他の国で類を見ない、日本独自の庭園文化だ。水を一切使わず、砂と石を使って山水の風景を表す独特のスタイル。自然石や白砂のみを用い、荒波の中に浮かぶ島や、鯉が滝を登ろうとする様子や、荘厳な自然の景を表現している。

「枯山水」という言葉は、平安時代に書かれた庭園の作り方の指南書「作庭記《さくていき》」の中

にはすでに登場しているが、今の枯山水とは違ったものだったようだ。

枯山水の庭園様式が広がったのは、室町以降。禅寺の方丈庭園で数多く作られた。禅寺の方丈庭園は、元々は宗教的儀式を執り行うための場所だったが、時代と共に祭儀が行われなくなり、室町時代になるとその空間が庭園に変わるようになった。

画期的だったのは、それまでは水を確保できる場所でしか作ることができなかった庭園が、枯山水の登場でどこでも作れるようになったことだ。特に禅寺はそれぞれの塔頭寺院が独立しているので、水の確保が難しい。しかし水を必要とせずに作庭できる枯山水の様式は、方丈の庭園としてぴったりだった。

枯山水は、見る側に想像力と知識を必要とさせる庭園。背景にあるテーマやストーリーを予備知識として知らないと、庭の景色が見えてこない。しかし想像することで、庭が生き生きとして見えてくる。作り手と見る側との「共通認識」があってこそ成り立ち、庭を通して両者がコミュニケーションを図るという、かなり特異なスタイルだ。

このような高度な庭園鑑賞の手法は、他のどの国にも見当たらない。西洋庭園は見た目に分かりやすい。ベルサイユ宮殿の庭園で見られる絢爛豪華な噴水や、整形庭園と呼ばれる植物を刈り込んで作った幾何学模様の庭園は、人の力が自然の力をも制することを誇示している。

禅寺の枯山水庭園は「精神性」の方が重要視される。そこには日本人の美意識、感性、技術、知識などすべてが詰まっていて、それらを庭から読み取った時にこれ以上ない歓びを感じる。日本人として日本庭園文化に触れる、最高の歓びだろう。

❖徳川幕府の威光で集められた名石

しかし日本の枯山水庭園の中にも、権力や政治力がチラリと覗く庭もある。岡崎の南禅寺の塔頭、金地院《こんちいん》の庭園は、徳川家の権威を表した庭だ。

南禅寺の住職でもあり、徳川家康の片腕でもあった以心崇伝《いしんすうでん》（本光国師、一五六九～一六三三年）が、自らの京都の住まいとして現在の地に金地院を再興させた。以心崇伝は徳川三代に仕え「黒衣の宰相」とも呼ばれた僧侶。徳川家のためにさまざまな政治的策略も行った人物だ。この寺院の名前を取って、金地院崇伝《こんちいんすうでん》と呼ばれる。

彼は徳川家光の入洛に合わせ、ここに徳川家に相応しい庭を作るよう、当時幕府に関係する建築や庭園、築城を担当していた作事奉行《さくじぶぎょう》（今の建設大臣のような役職）の小《こ》堀遠州《ぼりえんしゅう》に依頼する。小堀遠州の作と伝えられる庭は多いが、金地院のようにはっきり小堀遠州作と分かっている庭は珍しい。以心崇伝の日記「本光国師日記《ほんこうこくしにっき》」に、一六二七年（寛永四年）八月二八日、小堀遠州に作庭を依頼した記述がある。

崇伝はとても几帳面な人だったのか、日記には庭で使われた材料の詳細も記されていて、どの大名がどの石を寄進したか、という内容も書かれている。以心崇伝は当時

庭園左手にある亀島。真柏《しんぱく》の木と紀州の青石などを使った石組で亀を表現。

権力の中枢にいた人物。彼の一声で全国の大名から次々と名石が集まった。

庭園左手の亀島の方には、紀州の青石が多く見られる。青石の中でも特に青みの強い緑泥片岩《りょくでいへんがん》で、京都の庭園でよく使われた。また右手にある鶴島の鶴首に見立てた長い四角の石は、赤穂から運ばれた石と伝えられている。これだけ良い石がこの庭に集まっているのは以心崇伝の力と、家光の時代にはすっかり盤石となった江戸幕府の威光によるものだ。石から当時の権力のパワーバランスが見えてくるから面白い。

❖背景の常緑樹が「永遠の繁栄」を表す

金地院の庭にはさまざまな意味が込められている。それらを知って、謎解きのようにこの庭を見ていくと、とても面白い。

まずは、一番目立つ鶴島と亀島。昔から「鶴は千年、亀は万年」と言われ、長寿＝おめでたいことのシンボルだった。そして鶴亀と来ると、セットのようによく作られるのが蓬莱山。蓬莱山は不老不死の仙人が住むと言われる伝説の山で、不老長寿ということからやはりおめでたいことのシンボル。お能の演目「蓬莱」も、おめでたい場面によく演じられる。

茶色の大きな平石は「礼拝石（遥拝石）」と呼ばれている石で、木々の向こうに建てられている小さな東照宮に対して置かれている。ここに東照宮があることはほとん

―庭園右手にある鶴島。長い石は、鶴の首に見立てている。

ど知られていない。しかし天井の龍は狩野探幽《かのうたんゆう》によって描かれたもので、由緒ある建物であることが伝わる。

ここの庭の一番の特徴は、背景の常緑樹だろう。庭園の多くは落葉樹の楓などが植えられ、秋の紅葉シーズンには観光客が多く訪れる。しかし、ここは深い緑の鬱蒼とした木々が茂っている。それは常緑樹が葉が落ちないことから「永遠に続く徳川の繁栄」を表しているからだ。一見地味に見える庭だが、そのお陰でこの庭はどの季節に来ても静かで、ゆっくりと見ることができる。

江戸時代の京都の名所名園を紹介した「都林泉名勝図会」に載っている金地院の図を見ても、今の庭園の姿とほとんど変わらない。江戸時代からの景色を楽しめる点でも、ここの庭はとても貴重だ。

金地院には小堀遠州が改修した茶室「八窓席《はっそうせき》」もある。三畳台目の席で、京都三名席の一つだ。他にも、ここには長谷川等伯《はせがわとうはく》が描いた襖絵「老松《おいまつ》」と「猿猴捉月図《えんこうそくげつず》」の本物がある。「猿猴捉月図」は手長猿が水に映った月を手ですくい取ろうとした様子が描かれており、猿の毛並みがフワフワとしていて、なんとも愛らしい。

金地院では、江戸時代の日本文化の煌めきを、庭や建築、絵画から実感できる。この寺院そのものが至宝だ。ここに来れば、日本人で良かったと実感するだろう。

東照宮に対して据えられた礼拝石。

1

2

[1] 金地院は徳川家ゆかりの寺院。
苔むした小道を行くと東照宮が現れる。

[2] 東照宮に向かう道。
両脇の苔が美しい。

[3] 「永遠に続く徳川の繁栄」を表す、
庭園の背景の常緑樹。

3

GARDEN.05

醍醐寺 三宝院

Daigo-ji Sanbo-in

秀吉が
天下人の証とした
名石

1115年（永久3年）、醍醐寺第一四代座主・勝覚《しょうかく》僧正により創建された醍醐寺の塔頭寺院。醍醐寺の本坊的な存在で、歴代座主が居住する。庭園は豊臣秀吉が「醍醐の花見」に際して自ら基本設計したもので、「天下の名石」と謳われた藤戸石が据えられている。

【住　　所】京都府京都市伏見区醍醐東大路町22
【拝観時間】9時～17時（3月1日～12月第1日曜日）、
9時～16時30分（12月第1日曜日の翌日～2月末日）
【Address】22,Higashioji-cho,Daigo,Fushimi-ku,
Kyoto-shi,Kyoto-fu

❖秀吉が植えさせた七〇〇本の桜

醍醐《だいご》寺は、豊臣秀吉が催した「醍醐の花見」で知られる桜の名所。応仁の乱で焼け、その後一三〇年間荒廃したままになっていたが、秀吉の資金援助によって再興された。醍醐寺の第八〇代座主、義演准后《ぎえんじゅごう》（一五五八〜一六二六年）は、「義演准后日記」という日記の中で当時の様子を詳細に書き残している。そのお陰で、秀吉と義演の細かなやり取りや、秀吉がこの寺院に足繁く通っていた様子が今に伝わる。

今の醍醐寺三宝院《さんぼういん》は、当時は金剛輪院《こんごうりんいん》という名前だった。一五九七年（慶長二年）三月八日、秀吉は醍醐寺に初めて訪れ、諸大名と共に金剛輪院の桜や菩提寺の糸桜（白い花の枝垂《しだ》れ桜）を楽しんだ。この時、義演と徳川家康も一緒にお弁当を食べて花見を楽しんでいる。そして、壊れていた五重塔を修復するために醍醐寺は秀吉から一五〇〇石を賜る。義演は日記に「めでたい事、めでたい事」と書いている。余程嬉しかったに違いない。

そして翌一五九八年（慶長三年）二月九日、秀吉は再び醍醐寺を訪れる。二回目のお花見を再び醍醐寺で行うため、下見に来たのだ。花見の場所として余程気に入ったのだろう。醍醐寺が伏見城から近いこともあった。そして早速、ここに新しく桜を植えるよう手配する。義演の日記を要約すると、「二月一三日、桜植奉行が来て、門の

豊臣秀吉の「醍醐の花見」で知られる桜の名所・醍醐寺。

馬場からやり山まで、左右に桜を七〇〇本植えると言う。近江、河内、大和、山城から桜を掘ってきて植えるそうだ」とある。そして、日記によると一九日には植え終わっている。わずか七日間で七〇〇本の吉野桜が植えられたことになる。一日一〇〇本のペース。時の権力者の威力は凄い。こうして醍醐寺は「桜の寺」となった。

義演という人は、二条家の出で、父は関白を務めた二条晴良《にじょうはるよし》。義演の兄の二条昭実《にじょうあきざね》も関白となったエリート一家だ。義演と秀吉の関係を、醍醐寺の公室室長の長瀬福男《ながせふくお》氏に伺った。「義演の兄の昭実は、関白の職を秀吉に譲っています。当時、秀吉が関白になることをよく思わない人も多かった。そこで昭実は一度自分が関白になり、すぐ辞職して秀吉に譲ったのです。そういった恩もあって、秀吉は醍醐寺に多額の寄付を何度も行い、義演の醍醐寺の復興を助けたのではないでしょうか」。秀吉と義演兄弟の蜜月の関係が、醍醐寺を復興させ、桜の名所として名を高め、三宝院の庭園を作った。

❖代々の名将が愛した天下の名石

一五九八年二月から三月一五日の「醍醐の花見」まで、秀吉は三~七日おきに醍醐寺を訪れている。当時朝鮮出兵も行っていたので忙しい立場だっただろうが、この頻度だ。そして訪れる度にお花見会場のやり山に登り、自ら下見をしている。醍醐の花見を成功させたかった気持ちがよく伝わる。

二月二〇日の来訪では、金剛輪院の庭を自ら縄張り（設計の計画）し、名石「藤戸《ふじと》石《いし》」をここに運ぶよう命じている。今では考えられないことだが、当時は謂れのある石や灯籠が政治の駆け引きとして使われた。秀吉はこの石を庭に置くことで、政治的な立場を有利なものにしようとした。石は単なる鑑賞物ではなく、政治の道具だった。

能の演目「藤戸」は、源平合戦の頃、源氏側の佐々木盛綱《ささきもりつな》が「藤戸の戦い」（一一八五年）を仕掛けた時のエピソードが基となっている。

現在の岡山県倉敷市藤戸町で、盛綱は平家に奇襲攻撃をかけるため、馬でも渡れる海の浅瀬の場所を地元の漁師に尋ねる。漁師が指差した場所には、浅瀬の目印の浮洲岩があった。盛綱はこの秘密が他に漏れるのを恐れ、この漁師を殺してしまう。それから数年後、殺された漁師の母が盛綱の前に現れ、息子の死を嘆き悲しむ。盛綱が供養を始めると亡霊となった漁師が現れ、最後は無事あの世に旅立つ……という話だ。

この浮洲岩が、「藤戸石」として歴代の権力者に愛されることになる。天下の名石と謳われ、足利家、細川管領家、織田信長を経て、豊臣秀吉の所有となった。天下の名石と言われるだけあって、錚々たるメンバーだ。

信長は、この藤戸石を足利義昭のために造営した二条御所に運ばせた。「信長公記」によると、なんと信長は細川家の庭にあった藤戸石を自ら取りに行き、美しい錦で石

歴代の権力者に愛された名石・藤戸石は、秀吉により三宝院に据えられた。

を包み、笛や太鼓、鼓で音楽を鳴らしながらパレードをして二条御所に運ばせたという。石を運ぶためだけに行ったこの派手なパフォーマンス。これこそが信長の秀でた外交能力の真髄だろう。きっと義昭のハートをガッチリ摑んだはずだ。こういうことを思い付くところが、信長は本当に面白い。

秀吉はこの藤戸石を、三宝院の庭園の一番目立つところに据えるよう命じた。それは、表書院からよく見える池の対岸。秀吉は自分を天下人として世に知らしめるため、この藤戸石を利用した。これもまた秀吉らしい演出だ。現在も、この石は庭園の主石として存在感を放っている。白っぽく角ばったこの石が持つオーラは凄い。さすが、信長にパレードまでしてもらった石。まるで石から後光が射しているようだ。

❖秀吉の想いを庭が受け継ぐ

三宝院の庭園は、醍醐の花見の後に造営が開始されている。一五九八年（慶長三年）四月七日から始まり、八日に藤戸石が運び込まれ、五月一三日に完成。わずか四〇日で庭園が出来上がっている。これは驚異的なスピードだ。

しかし五月頃から秀吉は体調を崩し、八月に亡くなってしまう。彼が完成した三宝院の庭園を見ることはなかった。しかし秀吉は義演に、秋には後陽成《ごようぜい》天皇を連れてこの庭園を訪れたい、と話していた。後陽成天皇は、一五八六年（天正一四年）に秀吉に豊臣姓を与えた天皇。長瀬氏はこう話される。「ここの庭園は秋向けに作られています。この庭には桜の木は一本もなく、秋に紅葉する樹木を中心に植えられていたことからそれが分かります。秀吉はここに天皇を招き、一緒に紅葉を見たかったのでしょうね」

秀吉の死後、三宝院の庭は義演によって何度か改修されている。木橋や土橋を渡し、三段の滝などの石組は「天下一の石組の名手」と言われた庭師・賢庭《けんてい》に作らせている。義演は自分が死ぬまでの約三〇年、庭を素晴らしいものに作り変えていった。秀吉の想いを受け継ぎ、自らの手で庭園を完成させようとしたのかもしれない。

晴れた日には、醍醐寺の山上（上醍醐）から大阪城が望めるそうだ。義演の日記には、大坂夏の陣で大阪城が燃えた時の様子も書かれている。義演は、どんな気持ちでこの景色を眺めていたのだろうか。

三宝院を訪れた冬の寒い日のこと。夕暮れの静寂の中一人庭を眺めていると、一羽の美しいカワセミが飛んで来た。池の魚を取り、くるくると庭を飛び回っている。カワセミは清流に棲む鳥。ここの池は、醍醐山からの水が流れ込むので澄んでいる。背中は瑠璃色、お腹は輝くオレンジ色をしたカワセミは、豪奢な着物を纏っているように見えた。まるで、秀吉の代わりにこの庭を楽しんでいるようだった。つわものどもが夢の跡。三宝院の庭には、秀吉の天下人としての最後の煌めきが宿っている。

「天下一の石組の名手」賢庭の手による三段の滝。

[1] 秀吉が桜を楽しんだ醍醐寺は、
今も桜の名所。

[2] 庭園の手前にある、
賀茂川の流れを表す石。

[3] 表書院から眺める三宝院庭園。
この庭には、
秀吉の天下人としての
想いが詰まっている。

その二

京都人は「餡かけもの」がお好き

京都のおうどん屋さんで「たぬき」を頼むと、きつねうどんに餡がかかったものが出てくる。油揚げは刻んであるので、餡と絡みやすい。きつねうどんの油揚げは甘く煮たものだが、たぬきの油揚げは味は付けず、餡の味になる。京都でたぬきを頼み、この餡かけきつねうどんが出てきてびっくりする人は多い。

地域によって、たぬきの内容はまったく違う。大阪ではたぬきはきつねそば、東京では天かす。九州ではさつま揚げを入れるところもある。なぜ京都では、きつねうどんの餡かけがたぬきと呼ばれるのかよく分からないが、きつねがドロンとたぬきに化けた（餡かけがドロッとしているから）、という記事を読んだ時は、なかなか上手いと感じた。

京都の人は、餡かけの料理がとても好きだ。おだしの効いたお汁が餡になっていると、テンションが上がる。京都の冬は寒いので、餡かけのような体が温まるメニューが喜ばれる。冬の寒い日に、刻んだ油揚げとネギにおだしの味の餡が絡み、生姜のすりおろしが載ったたぬきうどんをホクホク食べると本当に美味しい。

京都には「京風中華」というカテゴリーがある。鶏ガラスープなどのおだしが効いた薄味の中華なので、餡かけ料理もペロリと食べられる。薄味なので野菜や肉などの素材の味が引き立って、しつこくない。

うどん屋さんメニューでもう一つ京都らしい食べ物がある。それは「衣笠丼」。油揚げを刻んだものと、ネギをおだしで煮てたまごでとじたものがご飯の上に載っている。油揚げにおだしがしみて、そこにたまごが絡み、とても美味しい。私はこの衣笠丼が大好きで、子供の頃からこればかり食べていた。私の出身は衣笠の辺りなので、このネーミングも気に入っていた。大人になって、東京で衣笠丼を探してもメニューに載っておらず、びっくりしたことがある。

京都人はおだしと油揚げをこよなく愛する。京都のたぬきや衣笠丼は、その代表的メニューなのだ。

GARDEN.06

泉涌寺

Sennyu-ji

構成に優れた
皇室
ゆかりの庭

1218年（建保6年）、月輪山の麓にある仙遊寺を宇都宮《うつのみや》信房《のぶふさ》が僧・俊《しゅん》芿《じょう》に寄進し、泉涌寺と改称した。現在も両陛下や皇族方の御休憩所として使われる御座所《ござしょ》庭園のほか、普段は一般公開されていない重森三玲の作による「仙山庭《せんざんてい》」も名庭。

【住　　所】京都府京都市東山区泉涌寺山内町27
【拝観時間】9時～16時30分（3～11月）、
9時～16時（12～2月）
【Address】27,Yamanouchi-cho,
Sennyuji,Higashiyama-ku,Kyoto-shi,Kyoto-fu

❖山の気が満ちる「浄化された空間」

京都には、その土地が持つ力を感じたり、磁場のように不思議と惹きつけられる、神がかったような場所がいくつかある。その場所に行くだけで、土地のパワーに圧倒され、神妙な心持ちになる。京都は、北山の山々、比叡山、愛宕山に囲まれた土地。山から流れてくる「気」が、土地のパワーの源になっているのかもしれない。

寒い冬の朝、雪を戴いた比叡山の姿は、惚れ惚れするほど美しい。京都市内にもその清涼な空気が流れ込んで来るのが分かる。昔ネパールに旅したことがあるが、その時にエベレストの山々から感じたものはまさにこの空気だった。聖なる山がそこにあるだけで、周りの空気が浄化され、心が澄んでいくのが分かった。「あれは神様がいる山だ」と感じた。

東山の山麓には多くの寺院がある。山からの不思議な力を昔の人も感じ取っていたのだろう。泉涌寺《せんにゅうじ》もまさにそういう場所で、何度訪れても、一番最初に感じた「浄化された空間」という印象がまったく変わらない。悪いことを考えるとすべて見透かされるような気持ちになる。それだけここには特別な空気が流れている。

泉涌寺は、皇室の御香華院《ごこうげいん》（菩提所のこと）として「御寺《みてら》」と呼ばれている。一二四二年（仁治三年）の四条《しじょう》天皇の御葬礼を初めとして、後水尾《ごみずのお》天皇から仁孝《にんこう》天皇までの歴代天皇の御陵が月輪陵《つきのわのみさぎ》に埋葬されている。

泉涌寺は、俊芿《しゅんじょう》（一一六六〜一二二七年）という僧侶によって建立された。武将の宇都宮信房《うつのみやのぶふさ》が仙遊寺の土地を俊芿に寄進し、一二二六年（嘉禄二年）に主要伽藍が完成。この時に境内から泉が湧き出たので、寺名を泉涌寺に改めた。この泉涌水は今も水屋形《みずやかた》の中で湧き続けている（中は非公開）。清らかな水に恵まれた清々しい場所に「泉涌寺」とは、俊芿は何とも素敵な名前を付けた。

一八八二年（明治一五年）、御尊牌殿《ごそんぱいでん》（天皇の御位牌を祀る御殿）の霊明殿《れいめいでん》が焼失し、現在のものは一八八四年（明治一七年）に明治天皇によって再建された。そして、その時に御所内にあった御里御殿《おさとごてん》（一八一八年（文化一五年）上棟）が移築され、御座所《ござしょ》となった。昭和天皇や現在の天皇陛下も御陵参詣で何度も訪れておられ、秋篠宮殿下は節目には必ずご家族で御参詣されるそうだ。御座所は、現在も両陛下や皇族方の参詣の際の御休憩所として使われている。ここから眺める景色が、御座所庭園と呼ばれる庭園になる。

❖愛らしい泉涌寺型の雪見灯籠

御座所庭園は、いつ来ても静寂で、凛とした美しい場所。一八八四年（明治一七年）、明治天皇から御里御殿を賜った時にこの庭園もあわせて作られた。作者は不明

鎌倉時代、僧侶の俊芿によって創建された泉涌寺。

だが、ご案内してくださった僧侶の方が「庭が御所風に作られているので、きっとその時に御所に出入りしていた庭師が手を加えたのではないかと思います」と教えてくださった。

この庭園はそんなに広くはないのだが、全体的な構成が美しい。築山と池のバランスの良さや、新緑や紅葉が美しい楓の木々、白い花をつける利休梅や、菊の模様の手水鉢。どこを見ても上品にまとめられている。

そしてその中でも特に良いのが、池の端に置かれた雪見灯籠。この雪見灯籠は普通のものと少し形が違う。一般的なものは火袋のところが六角形だが、ここのものは八角形になっている。これは「泉涌寺型雪見灯籠」と呼ばれ、仙洞御所《せんとうごしょ》から運ばれたもので、光格《こうかく》天皇の御遺品と伝わっている。由緒あるところから運ばれているだけあって、まるで御姫様《おひいさま》のような可愛らしさだ。この雪見灯籠の存在が、この庭園を優美なものにしている。

御座所の大玄関には、熊本県荒尾市の赤松が植えられている。これは開山の俊芿が熊本出身の僧侶だったため、荒尾市からゆかりの松として奉納移植されたそうだ。

俊芿が祀られた開山堂には、彼の開山塔がある。非公開なので見ることはできないが、写真で見るとこの塔は卵形をした「無縫塔《むほうとう》」（真如院の章参照）のスタイル。俊芿が入滅した一二二七年（安貞元年）の後すぐに建立されたと考えられ、日本最古の無

池の端に置かれた雪見灯籠は、火袋が八角形をしており「泉涌寺型雪見灯籠」と呼ばれる。

縫塔と言われている。異国風のスタイルは宋風と言われ、宋風の仏教を日本に持って来た俊芿の墓としてぴったりのデザインだ。

雲形の台座や蓮弁は、鎌倉時代に宋から渡って来た名石工、伊行末《いぎょうまつ》（?〜一二六〇年）によって製作された奈良の東大寺の狛犬と類似点があるとされ、この塔も宋の石工によるものと言われている。

伊行末は、鎌倉時代の東大寺修復の時に宋から来日した石工。中国の石と比べて硬く加工しにくい日本の花崗岩を巧みに使いこなした。東大寺の狛犬には伊行末が施した細かい模様が彫られていて、とても美しい。彼は日本で亡くなり、その一族も日本に住み着いた。鎌倉時代に美しい石灯籠が沢山作られたのは、彼の一族のお陰と言われている。

❖一般公開されていない重森三玲の名庭

泉涌寺には、普段一般公開されていないが、行事やイベントがある時に特別に見ることができる庭がある。重森三玲によって一九七三年に作庭された「仙山庭《せんざんてい》」だ。建物と廊下に挟まれた細長い空間に、青石一八個と、苔に覆われた二つの野筋、そして白砂が浮かび上がる。野筋は霞のようにたおやかに伸びて美しい。元々はモルタルの紅白の洗い出しがあったが、今は白砂でまとめられている。

重森三玲が作庭した仙山庭（特別な時のみ公開）。

この庭の横に建つのは妙応殿《みょうおうでん》というモダンな建物で、ここのロビーの大きな窓から眺める庭は雰囲気がまた変わってオシャレでスマートだ。普段方丈などの寺社建築と共に見ることが多い重森三玲の庭園だが、ここではモダンな昭和の建築と一緒に眺めることができる。いつもは着物姿の古風なお兄さんが、ある日突然三揃いのカッコイイスーツで現れたような新鮮さである。イベントがある時にはぜひ覗いて欲しい。廊下のステンドグラスも七〇年代風でかなりオシャレだ。

他にも、建物と建物の間に小さいけれど瀟洒な庭がある。ここは「五行《ごぎょう》の庭」という、秋篠宮殿下が命名された由緒ある庭（非公開）。こちらにご参詣された時、この庭に名前がないことを知って命名された。秋篠宮殿下と泉涌寺の関係の深さが分かるエピソードだ。ご家族と一緒に、お庭を眺めながらお寛ぎになっているご様子が目に浮かぶようだ。庭には自然についた苔、松、百日紅《さるすべり》、椿《つばき》、万両《まんりょう》、南天《なんてん》などが植えられ、木々がきっちりと剪定されている。

作家の永井路子は、「名文で巡る京都」の中で泉涌寺のことをこう綴る。「聖域――。まさしくそのほかの何ものであろう。その昔、宋に渡って戒律を学んだ俊芿は、ここ こそその求道の地として、この寺に新しい生命《いのち》を与えた」。聖域を感じさせる境内の清浄な空気。そして、そこに作られた清らかな庭園。俊芿がこの地に惹かれたのもよく分かる。泉涌寺は、神の山に守られた清浄なる場所なのだ。

五行の庭。庭名は、秋篠宮殿下の命名による（非公開）。

1

2

[1] 楓が燃えるように紅く染まった
秋の御座所庭園。

[2] 庭の一番奥に置かれた手水鉢。
上部に菊の模様が見える。

[3] 仙山庭。
重森三玲による枯山水庭園と
モダンなデザインの妙応殿の組み合わせが、
他の庭園にない魅力を放つ。

3

GARDEN.07

詩仙堂

Shisen-do

鹿おどしが
静寂伝える
文人隠棲の地

大坂夏の陣にも参戦した元武将の文人・石川丈山《いしかわじょうざん》が1641年（寛永18年）に造営した山荘「凹凸窠《おうとつか》」の跡。曹洞宗の寺院としての名は詩仙堂丈山寺《しせんどうじょうざんじ》。庭園にある鹿《しし》おどしは、作物に被害を与える鳥獣を追い払うために使われていた鹿おどしを初めて庭園に用いたものとして知られる。

【住　　所】京都府京都市左京区一乗寺門口町27
【拝観時間】9時～17時
【Address】27,Monguchi-cho,Ichijyoji,Sakyo-ku,
Kyoto-shi,Kyoto-fu

❖サツキで有名な「中国の山水」を表現した庭

一乗寺の坂を上って行くと、中腹に詩仙堂《しせんどう》が見えてくる。白くて小さな山茶花《さざんか》の花が沢山咲く大きな木が目印。門をくぐって階段を上り、竹林を抜けると、詩仙堂の建物が現れる。

ここは江戸時代の文人・石川丈山《いしかわじょうざん》（一五八三〜一六七二年）の終の住処。彼が五九歳から九〇歳で亡くなるまで隠棲した場所だ。今は詩仙堂丈山寺《しせんどうじょうざんじ》という寺院だが、丈山はここを「凹凸窠《おうとつか》」と名付けた。これは「デコボコした土地に建つ住居」という意味で、この土地が起伏に富んでデコボコだったので、そう名付けられた。創建当時から残っているのは、「詩仙の間」と呼ばれる小さな部屋と、その上に建つ嘯月楼《しょうげつろう》という楼閣。その他の建物は後年増築された。

有名なサツキの刈り込みと白砂の庭園も、後年作られたものと言われている。サツキは山、砂は海に見立てられ、庭全体で中国の山水の風景を表している。庭には一石のみというシンプルさ。ここは初夏に満開のサツキが咲き、秋は背景の紅葉が真っ赤に色付き、冬は白玉椿の花が庭に落ちる。まるで石が自然の美しさを邪魔しないように遠慮しているみたいだ。

詩仙の間から眺めた小川や太湖石《たいこせき》、太鼓橋、五重塔、左手にある洗蒙瀑《せんもうばく》の景色は、丈山が作った唐様《からよう》（中国風）の庭の様子を今に伝えている。太湖石は中国・蘇州の太湖周辺から産出された穴の多い奇石で、昔から文人に好まれた。今あるものが当時からの石という資料はなく、日本の石を太湖石に見立てていると思うが、丈山が中国風庭園を自ら作庭し楽しんでいた様子を想像するととても微笑ましい。きっと、彼の趣味が庭に色濃く反映されていたことだろう。

詩仙の間には、丈山が林羅山《はやしらざん》と一緒に選んだ中国の三十六詩仙の絵が掲げられている。ここから詩仙堂という名前で呼ばれるようになった。絵は狩野探幽によって描かれ、詩は丈山が得意としていた隷書体《れいしょたい》（縦線が細く、横線は太く平行に書く。左右の払いで波打つような字になる）で書いたもの。

ここの天井には、面白い素材が使われている。綺麗に編み込まれた葉は、「アンペライ」と呼ばれるインド・マレー地方原産のカヤツリグサ科の植物。アンペライの葉の茎で編まれたムシロは「アンペラ」と呼ばれる。金地院の八窓席の天井にも似た素材が使われているが、こちらは真菰《まこも》というイネ科の植物の葉。自然の葉で覆われた天井の表情は柔らかく、美しい。誰もがこの天井に目を止めるだろう。

石川丈山は一五八三年（天正一一年）、三河国（愛知県安城市）で生まれた。一六歳の時徳川家康に仕え、一八歳の時は関ヶ原の戦いに従った。一六一五年（慶長二〇年）の三三歳の時に大坂夏の陣で先陣を切って敵方に乗り込み武功を立てたが、この時幕

詩仙堂の庭園。五重塔の手前に太湖石、その右に太鼓橋が置かれている。

下の武士は一番乗りを禁じられていたので、禁を破ったとして蟄居を命ぜられる。すると丈山は髪を切って妙心寺《みょうしんじ》に入ってしまった。

戦いの前から隠居すると言っていた丈山は、この戦いの後、家康の元を離れる。その後京都で朱子学を学び、四一歳から広島の浅野家に一四年間仕えた。五四歳の時母の死をきっかけに京都に戻り、この頃から隠棲の地を探し求めた。一六四一年（寛永一八年）、五九歳の時に現在の一乗寺の土地を気に入り、詩仙堂を造営。九〇歳で没するまでここで暮らした。

詩仙堂で庭を眺めていると、遠くで響く鹿《しし》おどしの音に気付くだろう。この音が、この場所の静寂さをより際立たせている。鹿おどしは「僧都《そうず》（添水）」とも呼ばれる。元々は畑の農作物を、猪や鹿などの獣から守るために考えられた防犯装置だった。丈山はこの音を風流と考え、初めて庭の中に音響効果として取り込んだ。自然の風景だけでなく、サウンドスケープ＝音の風景も楽しむとは、丈山は粋な人だ。

詩仙堂の石川順之《いしかわじゅんし》ご住職にお話を伺ったところ「石川丈山がこの地を選んだのは、山から流れる水があったからだと思います。僧都の仕掛けや洗蒙瀑の滝を作るため、水はここの庭に欠かせない要素でした」。水を音に変える工夫を凝らした丈山。漢詩を好んだ文人は、音の感性に優れた人だったようだ。

サツキの刈り込みを抜け、階段を降りると左にある僧都（鹿おどし）。僧都は、石川丈山がここ詩仙堂で初めて庭園に取り入れたと言われている。

❖戦場を経て辿り着いた「平穏な日常をいとおしむ日々」

今も庭のお手入れは、石川ご住職や息子さんの副住職、お手伝いの方で毎日欠かさず行っておられる。ここの砂紋は浅く、シンプルで上品だ。毎日竹ぼうきを使って砂紋を引いておられる。「冬の寒い朝は土が凍って砂紋が引けません。そんな時は閉門した後、夕方に引くんですよ」

ここの庭は他の寺院とは違い、白砂ではなく山砂を使っておられる。なので余計凍りやすい。「この砂はそこの川から流れてくる山砂を使っています。沢山流れて来た時に採っておいて、濾し器で漉してから使います」。これには驚いた。とても手間のかかるお仕事だ。大変ではないですか？とお聞きするとご住職は、「お陰様でうちは、今まで一度も庭の砂を買ったことがありません」と微笑まれた。

石川丈山は清貧の人だった。贅沢をせず、自然の中で静かに暮らした。今もこのお寺には、丈山の清い精神が受け継がれている。

先代のご住職は、花がお好きな方だったそうだ。お寺に来てくれた人達が楽しめるように、百花塢《ひゃっかのう》の庭に沢山の花を植えられた。山紫陽花《やまあじさい》、菖蒲《あやめ》、芙蓉《ふよう》、秋明菊《しゅうめいぎく》など季節毎に花が咲き、一年中美しい。その中にご住職が「丈山椿」と呼んでおられる椿がある。一本の木に、赤、白、そして白地に赤が混ざった花が咲く。本当の名前は分か

詩仙堂の南側に広がる百花塢では、紫陽花などの季節の花が楽しめる。

らないそうだが、丈山椿という名前がぴったりな、上品で飾らない花だ。一月には満開になる。

このお寺にいると、自然のものに囲まれ、とても心地がいい。山の景色や季節の花、椿の大木、苔むした築山、どれも風景に溶け込んでいる。

丈山はこの場所をこよなく愛した。彼が選定した「凹凸窠十二景」には、彼のお気に入りの詩仙堂の景色が綴られている。私はこの「凹凸窠十二景」がとても好きだ。

これを読むと、丈山がここの自然を慈しんだ様子がよく伝わる。そして何気ない日常風景が、生き生きと浮かび上がる。何でもない日常の風景に美しさを見出す、石川丈山の感性が見えてくる。特に「都に立上る夕餉《ゆうげ》の煙」が好きで、この情景を選んだ丈山を敬愛する。彼が嘯月楼に登り、夕方の京都の景色を眺めながら、ぼんやりとする姿が想像できる。そして晩御飯を作る江戸時代の京都の人々の暮らしも一緒に想像できて、心があたたかくなる。

平穏な日常や、変わらない景色がどれほど貴重か、丈山は知っていたのだろう。関ヶ原や大坂夏の陣で戦い、悲惨な戦場を見てきた丈山だからこそ分かる、普通の暮らしの尊さが、この「凹凸窠十二景」に表れている。

沢山の人が詩仙堂を訪れるのは、石川丈山が愛したこの世界を一緒に感じられるからだろう。彼の目に映った美しいものが、今も変わらずここに残っている。

石川丈山「凹凸窠十二景」

【一】満蹊桜花（庭の小道に乱れる桜花）
【二】前村犂雨（前に見える村で農夫が犂《すき》で田を耕すところに降る雨）
【三】巌瀧瀑泉（洗蒙瀑が巌にあたる音）
【四】砌池印月（庭の池の面にうつる月）
【五】渓辺紅葉（谷川のほとりの紅葉）
【六】四山高雪（四囲の山の上の雪）
【七】台嶠閑雲（比叡山の閑かな雲）
【八】鴨河長流（西に一糸長く流れる賀茂川）
【九】洛陽晩煙（都に立上る夕餉の煙）
【十】難波城樣（南方はるかに見える大坂城）
【十一】園外松声（庭の外に聞こえる松風の音）
【十二】隣曲叢祠（隣村の林の中の小社）

1

2

[1] 秋の詩仙堂。
紅葉と嘯月楼。

[2] サツキの刈り込みの中の
五重塔。

[3] ここの庭の砂は、
詩仙堂に流れる
川の砂が使われている。

3

その一

宇治紅茶館

宇治で本格的な紅茶を楽しむ

お茶屋さんが立ち並ぶ宇治で本格的な紅茶が楽しめるお店。古民家を改修した建物で、中は北欧のカフェを思わせる空間。

ここは、スリランカの高級茶葉ムレスナティーを扱う貴重なお店だ。カフェでは、このお店オリジナルフレーバーのクリーミィーソフィアとカカオマロンをはじめ、三〇数種類のフレーバーティーを取り扱っている。その日のおすすめフレーバーを味わえるサービスがついており、紅茶がこんなにバラエティがあって美味しいものなのかと発見できる。

注文してから焼いてくれる「究極のホットケーキ」は、ムレスナティーを扱うお店でしか食べられない特別メニュー。特注の銅板で焼き上げたフカフカのホットケーキは、厚みが三センチもある。ここにお店オリジナルのアールグレイシロップがかかっていてとても美味しい。祇園の有名レストラン「よねむら」とコラボしたクッキーは、お土産にもピッタリの可愛い市松模様のデザイン。人気商品なので事前の予約がおすすめ。

宇治紅茶館　ICHIMATSU COOKIE

【住　　所】京都府宇治市宇治妙楽46-2
【電　　話】0774-25-3711
【営業時間】11時～18時
月曜定休
【Ｕ Ｒ Ｌ】http://uji-kochakan.com/

その二

寺町 李青《りせい》

身体に優しいお茶と料理でリラックス

韓国のお茶やお料理が楽しめる京都の名店、李朝喫茶・李青さんの二号店。土蔵造りのクラシックな建物を入ると、美しい凛とした空間が広がる。建物の美しさを活かした店内のデザインに、李朝時代の雰囲気を感じさせる絵や陶器、お花のしつらえが映え、とても落ち着く。

ここでは滋養強壮効果の高い「韓方茶」を楽しむことができる。これは松の実やクコの実、ナツメなど六～一〇種の果実や植物を漬け込んだお茶で、飲むと体が温まり元気になる。他にもオリジナルブレンドの禅食シェイクや五味子茶など、韓国の身体に良い飲み物が楽しめる。「黒毛和牛カルビサンド」はキムチが効いた寺町店のオリジナルメニュー。また、季節によって変わる手作りのパウンドケーキもとても美味しい。

ここは良い素材を使った、身体に優しい食べ物が食べられるお店。店内に流れるクラシック音楽と空間にゆっくりできることだろう。

寺町 李青（2021年11月閉店）

【住　　所】京都府京都市中京区下御霊前町633
【電　　話】075-585-5085
【営業時間】12時～18時
火曜定休
※このお店は2023年1月現在、閉店しています。

GARDEN.08

桂離宮

Katsura Imperial Villa

二人の親王の
審美眼が生んだ
独自の美

八条宮《はちじょうのみや》家初代の智仁《としひと》親王が、別邸として1615年（元和元年）頃から造営に着手。二代・智忠《としただ》親王がほぼ現在の形に完成させた。建物同様、庭園も日本文化の粋を集めたものとして評されており、二人の親王の美意識を堪能することができる。

【住　　所】京都府京都市西京区桂御園
【参観時間】9時～、10時～、11時～、13時30分～、14時30分～、15時30分～（参観は事前申込みと当日申込み）
【Address】Misono,Katsura,Nishikyo-ku,Kyoto-shi,Kyoto-fu

❖美しい物しか目に入らない日本文化の粋

桂離宮《かつらりきゅう》ほど多くの人に愛され、その美しさについてさまざまな建築家、哲学者、美術家達から評価された場所は他にないだろう。ドイツ人建築家ブルーノ・タウトは、月見台からの景色を見て「我々はここで、他のいかなるものにも類《たぐ》うべくもない、純日本的な、しかもまったく独自な新しい美に遭遇する」（森儁郎訳「ニッポン―ヨーロッパ人の眼で見た」）と語っている。また「すぐれた芸術品に接するとき、涙はおのずから眼に溢れる」（篠田英雄訳「日本美の再発見」）という有名な言葉も残し、大絶賛している。

哲学者の矢内原伊作《やないはらいさく》は、著書「石との対話」で「桂離宮の美しさについてはいまさら言うまでもないが、石の造形という観点から見ても、これほど緊密な美意識につらぬかれ、豊かな変化に富み、洗練された感覚がすみずみにまで行きわたっている庭は他にない」と述べている。和辻哲郎《わつじてつろう》や建築家の堀口捨己《ほりぐちすてみ》も「桂離宮」という本を書き、独自の視点からその美しさを読み解いている。桂離宮の庭は「鑑賞される庭」だけで終わらない、「論じられる庭」なのだ。

桂離宮は江戸時代初期、八条宮《はちじょうのみや》家初代の智仁《としひと》親王（一五七九〜一六二九年）によって造営された。智仁親王は後陽成天皇の弟で、七歳の時に世継ぎのいなかった豊臣秀吉の猶子《ゆうし》（養子のこと）となる。しかし一五八九年（天正一七年）、秀吉に子供が生まれたので養子縁組が解消され、八条宮家を創設した。祖父の正親町《おおぎまち》天皇は、一五八五年（天正一三年）、秀吉に関白の位を与えている。一五八六年（天正一四年）に一五歳で即位した後陽成天皇もその年、秀吉に豊臣の姓を与えている。その頃の皇族の財政はひっ迫していて、新しい天皇が即位しても即位の礼を出す費用が出せないほどだった。後陽成天皇は秀吉から多くの援助を受けていた。弟の智仁親王が猶子になったのもそういう裏事情があったのだろう。

八条宮智仁親王は、和歌や古典文学に精通し、当時秘伝とされた「古今和歌集」の解釈を細川幽斎《ほそかわゆうさい》から直接伝授されるほどの文化人だった。平安時代に藤原道長の別荘があったと言われる桂の地で、一六一五年（元和元年）頃から桂離宮の造営を始める。智仁親王の死後一度荒廃するが、息子の八条宮家二代の智忠《としただ》親王（一六一九〜一六六二年）によって一六四一年（寛永一八年）頃から改修された。智忠親王も父の影響で学問を好み、和歌や書道に秀でた人物だった。桂離宮を現在の美しい姿にしたのは、この智忠親王。その後も多少の改修があったが、桂離宮はほぼこの親子による美意識で作られている。

桂離宮には日本文化の粋が集まっている。美しい茶室や建築物、厳選された材料、洗練された設《しつら》え、考えられた庭園構成。どこを見ても、ここでは美しい物しか目に入

古書院に設えられた、月を眺めるための月見台。桂離宮は美に溢れている。

らない。

❖延段に見る桂離宮の美意識

特に桂離宮は「石への美意識」に優れている。庭を歩くと灯籠や手水鉢、飛石、延《のべ》段《だん》などの石の美しさに見惚れてしまう。その中でも、それぞれの場所の「格」に合わせた延段のデザインが素晴らしい。延段とは、敷石の一種で、切石や自然石を一定の幅で敷きつめたもの。庭の世界にもお茶や書道と同じように「格」というものがあり、延段も「真行草」という三つのパターンに分けられる。

「真《しん》」は一番格式の高い場所で使われるスタイルで、最もフォーマルなもの。正式な玄関の前や、持仏堂《じぶつどう》などの周りでよく使われる。反対に「草《そう》」は最もカジュアルなところで使われるスタイル。勝手口や、侘びた風情の茶室などの周りはこれを使う。その中間にあるのが「行《ぎょう》」で、セミフォーマルまたはセミカジュアルを表す。真と草の場所の間を繋ぐ場合に使われることが多い。場所に格の違いがあり、それを延段のデザインで分ける日本人の感性は面白い。そして中間の「行」があるのも日本人らしい。行は、真と草どちらともつかない場所に使われることも多い。このグレーゾーンの存在がとても日本らしい。物事を二択で分けない、はっきりさせない部分があるのがいいのだ。そこに日本文化の奥深さを感じる。

古書院の御輿寄前に敷かれた真の延段。切石の組み合わせは、抽象絵画を思わせる。

古書院の御輿寄《おこしよせ》の前には、切石が美しく組み合わさった「真の延段（または真の飛石）」と呼ばれる敷石がある。ここは位の高い人が使う正式な玄関で、この延段を使って建物の中へ入る。一六六三年（寛文三年）の後水尾上皇の御幸を迎えるために作られたとも言われる。延段と、周りに配された飛石の全体的な構図やバランスが素晴らしい。格の高い場所に相応しく延段は凝ったデザインで、切石の組み合わせ方はまるでピエト・モンドリアンの抽象絵画のようだ。一目見て、その美しさの虜になる。

行の延段は、松琴亭《しょうきんてい》の外腰掛《そとこしかけ》の前に据えられている。長さ一七メートルほどもあり、切石と自然石を組み合わせた装飾性の高いデザインになっている。大胆に置かれた白い切石と、自然石、色鮮やかな青や黄、赤色の小石が散りばめられている。この延段を歩くだけで、これからどんな景色が現れるのか、楽しみになる。

笑意軒《しょういけん》の前にあるのは、自然石だけで構成された草の延段。さまざまなサイズの色の違う自然石が組み合わされていて、とても良いデザインだ。白、青、赤、黄色の小石が散りばめられ、私には宝石箱のように見える。自然石だけで構成されているので、他のものに比べて柔らかい印象だ。笑意軒は茅葺《かやぶき》屋根に柿葺《こけらぶき》のひさしが付いた、田舎の農家を模した茶室。田舎の風情なので、それに合わせて延段も草のスタイルになっている。場所の格にちゃんと合わせているのだ。

造園学者で作庭家の尼崎博正《あまさきひろまさ》氏は、著書「茶庭のしくみ」の中で桂離宮のユニーク

松琴亭の外腰掛の前にある行の延段。切石と自然石が組み合わせられている。

笑意軒の前にある草の延段。自然石だけで構成。

な面をこう解説する。「日本庭園の歴史を振り返ってみても、桂離宮ほど、個人の「好み」が強烈に出ている庭園は珍しい。このような自由な感性の発露という現象は、利休後に露地が自由に展開していった時代と重なっている」

尼崎氏によると、桂離宮の庭には「く」の字の形をした鎌形の石がとても多く使われているそうだ。これは明らかに個人の趣味が出ている。また一七八〇個ある飛石のうち二割、約三五〇個は、兵庫県有馬周辺に産する有馬石が使われている。石の運搬が大変な時代に、京都ではなくわざわざ有馬から、それも三五〇個の石を運ぶというのはよっぽどのことだ。金銭的にもかなりかかっただろう。

尼崎氏は「記録によると、桂の里に別荘の造営を計画していた一六一七年前後、八条宮初代智仁親王は湯治先の有馬で庭石を物色している。二代智忠親王も約三〇年後の一六四九年に、同じ有馬で飛石を見立てた」と述べていて、とても興味深い。旅行先の有馬で自ら石を選び、気に入った大量の石を桂離宮まで運ばせ、庭に据えてそれを楽しむとは、どちらの親王もかなりの石好き、石オタクだ。

そんな二人の趣味が色濃く出ているので、桂離宮は見ていて面白い。そして絶対的な審美眼を持った二人の親王が、贅沢に、思うがまま作ったので、桂離宮の美は他を凌駕する。真似しようとしても決して簡単にはできない、美の聖域なのだ。それゆえに桂離宮は後世の人達から賞賛され、論じられ、愛されるのだ。

石橋の手前に「く」の字の鎌形の石が見える。

1

2

[1] 松琴亭の前に広がる風景。
州浜が伸びた先にある岬灯籠がアクセントになっている。
奥の石橋や島は、天橋立の風景を表している。

[2] 笑意軒近くにある三角燈籠。
傘、火袋、中台、脚がすべて三角形をしている珍しいもの。

[3] 笑意軒の中の間。
窓外には稲田の風景が広がる。
中敷居下の腰壁は、臙脂《えんじ》色を含む格子模様の
ビロードに金箔が斜めに貼られたもの。
モダンなデザインが目を引く。

3

GARDEN.09

東福寺

Tofuku-ji

重森三玲が
しかけた
四つの庭

1243年（寛元元年）、聖一国師《しょういちこくし》を開山として天台・真言・禅の各宗兼学の堂塔を創建。1236年（嘉禎２年）より1255年（建長７年）まで19年かけて京都最大の大伽藍が完成し、東福寺となった。本坊庭園は重森三玲の作庭によるもの。

【住　　所】京都府京都市東山区本町15-778
【拝観時間】9時～16時（4月～10月末）、8時30分～16時（11月～12月初旬）、
9時～15時30分（12月初旬～3月末）
【Address】15-778,Honmachi,Higashiyama-ku,Kyoto-shi,Kyoto-fu

❖イサム・ノグチと重森三玲の友情

ニューヨークのクイーンズにあるノグチミュージアム。ここは彫刻家イサム・ノグチ（一九〇四〜一九八八年）のアトリエだった場所で、一九八五年に美術館として一般公開された。彼の大きな石の彫刻作品を、ゆったりとした空間で見ることができる。

ここにある庭園もイサム・ノグチのデザインで、白樺などのアメリカの木と、松や桜、竹などの日本の木が一緒に植えられている。これは「アメリカの木も日本の木も土の中で根は繋がっている」という彼のメッセージが込められている。日本人とアメリカ人のハーフとしてそれぞれの国で差別を受け、常に自分のアイデンティティを探し求めた彼の精神がこの庭に表現されている。

しかし、この庭園に厳しさはない。優しく、穏やかで、彼の作品の手水鉢で小鳥達が水遊びをしている。彼が求めた理想郷とは、人種関係なく誰もが寛げるこういった空間だったのだろうと思う。

イサム・ノグチは彫刻家、画家、インテリアデザイナー、ランドスケープデザイナーなど、多彩な才能の持ち主だった。一九五七年、パリ・ユネスコ本部の庭園デザインを頼まれたイサム・ノグチは、重森三玲に作庭協力を依頼する。徳島県で一緒に青石を探し、パリに八〇石ほど送っている。この時イサム・ノグチは五三歳、重森三玲は六一歳。それぞれの分野で成功を収めた大人の男性二人が、楽しそうに石を探す姿が写真に残っている。偉大な芸術家も、美しい自然石の前ではまるで少年のようだ。

一方、重森三玲（一八九六〜一九七五年）は作庭家で庭園史研究家。美術学校で日本画を学び、いけばな、茶道の研究もした。一九二九年、京都に移り住み、いけばなの新興グループを立ち上げる。一九三四年、近畿地方を襲った室戸台風により、京都の庭園は深刻なダメージを受ける。修復しようにも資料が残っていない庭園が多かったため、三玲は私費を投じて全国約四〇〇箇所の庭園の実測調査を行い、一九三九年に「日本庭園史図鑑」（全二十六巻）、一九七六年には「日本庭園史体系」（全三十三巻）を完成させた。そして、作庭家としても約二〇〇箇所の庭園を設計する。著書も約百冊あり、多彩かつ、精力的に活躍した人物だった。

重森《しげもり》執《げいて》氏監修「重森三玲 モダン枯山水」の中には、一九七〇年に重森三玲邸で行われた重森三玲とイサム・ノグチの対談が掲載されている。その中で重森三玲は「私はあなたと会ってから、いつも本当にいい人とめぐり会えたと思っているんです。僕の感覚にないものをあなたは持っている」と語っている。イサム・ノグチも三玲に「初めてあなたと会った時、あなたの話にね、『僕はカンディンスキーが好きだ』というんだね。あなたは新しい文化からも常に摂取していると思うんです」と話す。ノグチは三玲に自作の茶釜や絵も贈っており、お互い尊敬し合っていた様子が伝わる。

重森三玲とイサム・ノグチがコラボして庭を作っていたら、さぞかし面白いものが出来ただろう。二人の芸術家を繋いだものは石。石に魅せられた二人が一緒に庭を作ったら……と二人を敬愛する石好きの私は妄想してしまう。

❖材料を再利用したリサイクルの庭

そんな重森三玲が一九三九年、四三歳の時に作庭したのが東福寺《とうふくじ》の本坊庭園。彼が作庭した六〜七番目の作品と言われているが、作庭家としてこれだけの大きな仕事は初めてだった。この時、デザイン料などは「永代供養」という名目のボランティアだった。しかし重森三玲庭園美術館の館長・重森《しげもり》三明《みつあき》氏によると、一般に庭園のお披露目を行った時、予想以上に大勢の拝観者が訪れ大好評だったので、後から金一封が贈られたそうだ。大きな作庭の仕事は初めてだったにも関わらず、いきなり話題となる庭園を作ることができた重森三玲は、やはり凄い芸術家だ。

重森三玲が作庭する際、お寺からの条件が、本坊内の材料を再利用する、ということだった。「一切の無駄をしてはならない」という禅の教えから、南庭で使われている石以外はすべて寺院にあったものを再利用している。重森三玲はここで四つの庭を作庭しているが、そのうち三つがリサイクルの石材で作られている。しかし、制約があるほど燃えるのが重森三玲。ものともせず、素晴らしい庭を作り上げた。

「蓬萊神仙思想」を表した南庭は、大胆に寝かされた三つの長大石が主石となっている。

最初に作庭したのは南庭。不老不死の仙人が住む「蓬莱神仙思想」を表した庭になっている。ここの庭は、立てられた石と横に寝かせた石とのバランスが素晴らしい。重森三玲はこう述べている。「そこで主石として三個の長大石を入れたが、このような長大石を、長く横のまま用いた手法は、古庭園にも全く見当たらない。この思い切った創作に踏み切ったことが本庭の生命である」（「日本庭園史体系」27より）。重森三玲にとって、この長大石が一番の自信作だったのだろう。存在感といい、形といい、この庭が大胆かつ繊細に見えるのはこの長大石の効果だ。西側にある築山は、五大禅寺である五山を表している。東福寺もこの一つに含まれる重要な禅寺だ。厳しい蓬莱山の石の景色の向こうに苔の築山があることで、ホッとする「間（スペース）」が生まれる。

次に作ったのが、西庭の「井田市松《せいでんいちまつ》の庭」。この庭で使われている葛石《かずらいし》も再利用のもの。サツキと葛石の市松模様が、キリッとした空間を作っている。隅に置かれた小さな三尊石《さんぞんせき》（三尊仏を石で表したもの）が可愛らしい。そして三番目に作られたのが、東庭の「北斗七星の庭」。ここで使われている円柱の石も、東司《とうす》（お手洗い）で使われていた柱。円柱の石を使って庭をデザインすることはかなり難しい。しかしそこから北斗七星を思いつく発想は、絵画やいけばな、お茶などさまざまな芸術に精通していた重森三玲の知識の深さによるものだろう。背景の高低差のある二つの生垣は天の

— 五山を表す南庭西側の築山。

川を表し、星空の景色を表す珍しい庭になっている。
最後に作庭されたのが、北庭の「小市松模様の庭」。この四角の切石もリサイクルで、恩賜門から方丈に敷かれていた延段の敷石を再利用したものだ。

ここの苔と切石のデザインはとても美しい。東に向かってだんだんとフェイドアウトしていく切石の配置が絶妙で、ずっと眺めていられる。初夏の青もみじの時も、秋に紅葉が散る様子も、一年中飽きない景色だ。重森三玲が手掛けた庭園はどの季節に来ても楽しめる。初めて彼の庭園を見た時のドキドキ感が、何度訪れても続く。

ある庭師の人が教えてくれた。「多くの経験をし、さまざまな趣味を嗜んで来た人は、最後石に落ち着くんですよ」。本当にその通りだと思う。芸術を極めていくと、最後に石に辿り着く。重森三玲も、イサム・ノグチも、最後まで石にこだわった。

イサム・ノグチは一九五六年に初めて香川県の牟礼町を訪れ、そこで産出される庵《あ》治《じ》石《いし》を大変気に入った。そして一九六九年、この牟礼町にアトリエを構え、日本での制作拠点にした。イサム・ノグチにとって自分と日本を繋ぐものは最後、「石」だったのかもしれない。

[1] 井田市松の庭。
サツキの足元に使われた
葛石も再利用のもの。

[2] 北斗七星の庭。
東司の柱は北斗七星を、
後ろの生垣は天の川を表す。

[3] 小市松模様の庭。
切石と苔とのコントラストが美しい。
5月にはサツキが咲く。

その三

京都人へのお土産トリセツ

京都の人にお土産を持っていくのは難しい。特に、和菓子を持っていく時は要注意だ。先日京都の友人を訪ねた時、お土産に貰ったという他県のお饅頭を出していただいた。その時その人が「京都の人に和菓子を持って来るって、勇気あるよね」と一言。なかなか辛辣だが、彼は和菓子に対して舌が肥えている人なので、コメントも厳しい。

私も昔、京都の人に地方の和菓子をお土産で渡した時に「あらまぁ、珍しい田舎のお菓子を」と言われたことがある。これは決して嫌味ではなく、とにかく京都人は和菓子に対してコメントが厳しいのだ。私は心の中で「やってしまった……」と思った。

京都には今も茶道の文化が息づいている。そして美味しいお茶のあるところには、美味しい和菓子がある。お茶会などで出される上生菓子は、見た目の美しさや味だけでなく、季節を表現したり、お茶会のテーマを表したり、必ず何らかの意味が込められている。

季節をさりげなく取り込んだシンプルかつ美しいデザインは、京都の和菓子職人のセンスや確かな腕を感じさせる。長い歴史の中で培われたデザインというものは、無駄なものが削ぎ落とされ、洗練されている。京都の和菓子は、歴史、芸術、文化、すべてが詰まったものなのだ。

では、京都の人へのお土産は何がいいのか？　よく他府県の人から聞かれる質問だ。一番喜ばれるのは、テレビや雑誌で話題のスイーツ。洋菓子の方が良い。東京で流行っているものを食べてみたい、と思っている京都の人は多い。買うのに何時間も並ぶものや、お取り寄せスイーツなどはとても喜ばれる。

そこでしか買えないご当地ものも良いが、その場合も「話題性」が必要となる。私がお土産を買う時は、パッケージが綺麗なもの、または京都に支店がないお店で買うことが多い。お菓子の美味しさに付加価値も大切だ。

京都の人はちょっとした手土産が大好き。さりげなく気の利いたものを相手に贈れるようになれば、かなりの京都マスターだ。

GARDEN.10

圓光寺

Enko-ji

悟りを
自然のうちに
感じさせる庭

1601年（慶長6年）、徳川家康が足利学校の学頭だった三要元佶《さんようげんきつ》を招き、京都の伏見に学問所として建立。その後、相国寺《しょうこくじ》山内に移り、さらに1667年（寛文7年）現在の一乗寺小谷町に移転した。近世初期に作られた「十牛《じゅうぎゅう》の庭」が有名。

【住　　所】京都府京都市左京区一乗寺小谷町13
【拝観時間】9時～17時
【Address】13,Kotani-cho,Ichijoji,Sakyo-ku,Kyoto-shi,Kyoto-fu

写真・中田昭（P94～101）

❖かつては尼寺だった紅葉の名所

日本人は紅葉が大好きな民族だ。机に映る紅葉がインスタ映えするということで有名になった京都の瑠璃光院《るりこういん》は四時間待ち。一一月の連休ともなれば京都市内は大渋滞し、タクシーは一台もつかまらない。北米でもヨーロッパでも、そんな光景は見たことがない。日本のイロハモミジの赤い葉には、人を惑わす効果でもあるのだろうか。江戸時代には庶民が郊外の景勝地に出向き、紅葉を楽しんだ。江戸時代に刊行された「都林泉名勝図会」にも、東福寺の紅葉の下でお弁当を食べる楽しそうな人々の姿が描かれている。日本人と紅葉の関係は歴史が深いのだ。

詩仙堂の近く、一乗寺の山麓にある圓光寺《えんこうじ》は紅葉の名所として知られる寺院。開基は徳川家康で、一六〇一年（慶長六年）に栃木県の足利学校の学頭だった三要元佶《さんようげんきつ》を招き、京都の伏見に建立、学問所としてスタートする。僧でなくとも誰でも入学できる、という画期的な学校だった。関ヶ原の戦いの次の年にまず学校を建てるという家康の政策はなかなかのものだ。まずは国内教学から国力をつけようとした。

その後学問所は相国寺《しょうこくじ》の境内に移ったが、一六六七年（寛文七年）、現在の地に移った。明治維新以降は臨済宗南禅寺派の尼寺となり、臨済宗唯一の尼僧修行道場として知られていた。現在は尼僧道場は廃され、住職も男性だが、ここの場所に柔らかい上品な空気が流れるのは尼僧寺院だった影響なのかもしれない。

❖円山応挙も愛した竹林

ここには「十牛の庭《じゅうぎゅう》」と呼ばれる、近世初期に作られた庭がある。楓の林の中に、美しい苔、そしていくつかの庭石が据えられている。庭石の中でも一番大きい、中央で存在感を醸す石は「臥牛石《がぎゅうせき》」と呼ばれ、伏せた牛の姿を表している。

「十牛」とは禅の悟りに至るまでの道程を十段階に分け、牧童と牛になぞらえて説明したもの。牛は、人間が生まれながらに持っている仏心を表す。牧童が牛（仏心）を懸命に探し求めるが、結果悟りは自分自身の中にある、という話。この禅の話が庭のテーマとなっているが、具体的な場面を表すわけではなく、抽象化した庭園となっている。「悟り」というものがよく分からなくても、この庭を見ると不思議と落ち着いた気持ちになれる。庭園が持つ上品な雰囲気もとても良い。

作庭家は不明だが、庭が伸び伸びとして見えるのは、この空間を引き締める石の美しさと、楓の木々の凜とした空気があるからだろう。新緑の季節の青もみじ、秋の深紅の紅葉もいいが、冬の枯木も良い。楓の枯木がまるで花が咲いたように見える。

庭の奥にある竹林も、景色に深みを増している。背景に竹林があると、まるでひっそりとした山中にいるような気持ちになる。大徳寺の塔頭の高桐院の楓の庭も背景に竹林があり、素晴らしい景観を作っている。竹林があることで静寂さや凛とした空気が庭に出る。竹が作る縦のラインも、デザイン的に美しい。

この圓光寺の竹林は「応挙竹林」と呼ばれ、円山応挙《まるやまおうきょ》（一七三三〜一七九五年）がよく訪れた場所と言われている。展示室に飾られている円山応挙の「雨竹風竹図屏風《うちくふうちくずびょうぶ》」（圓光寺所蔵／複製通常展示）は、応挙がここの竹林を描いたもの。応挙が圓光寺の竹林で見た景色をこの絵から感じ取ることができる。応挙は普段から植物の写生をよく行っていたそうだ。竹の葉一つ一つが繊細に描かれたこの絵からも、彼が自然を慈しんでいた様子が伝わる。

庭の奥には、洛北で一番歴史が古いと言われる「栖龍池《せいりゅうち》」がある。小滝口があり、澄んだ清水が流れ込む美しい池だ。圓光寺を訪れた昭和の作庭家・中根金作《なかねきんさく》は、栖龍池の石組をこう伝える。「石組は上手に組んであり、庭石も賀茂川、高野川の流域にみられる自然石である。これらの石はむしろ高野川の川石のごとくみえる。いずれにしても近来では手に入らぬ庭石ばかりである。八瀬も近い場所であるから恐らく高野川の石であろう。修学院離宮の庭園に用いられた庭石と同質のものである」（中根金作「京都名庭百選」円光寺）

これを読むと中根金作もここを訪れ、庭石を見て興奮している様子が伝わる。京都には「加茂七石」と呼ばれる名石がある。現在は採石禁止だが、賀茂川水系や高野川

栖龍池には、澄んだ清水が流れ込む。

水系は昔から良い石が採れる場所として有名で、京都の名庭にはこれらの川石が庭石としてよく使われている。良い石があったから京都には良い庭が作られた、と言っていいのかもしれない。

❖曾我蕭白の絵から着想を得て作られた庭

ここには平成に作られた「奔龍庭《ほんりゅうてい》」という新しい庭園もある。空を自由に奔《はし》る龍の姿を表現したもので、大坪慶寛《おおつぼけいかん》ご住職ご自身がデザインされたものだ。龍の頭と背中に使われている長い石柱は、井戸の材として使われていたもの。大胆な構図に度肝をぬかれる。

ご住職はボストン美術館所蔵の「雲龍図」（一七六三年）を見てこの庭の着想を得たそうだ。江戸時代の絵師・曾我蕭白《そがしょうはく》（一七三〇〜一七八一年）によって描かれたこの絵は、今にも絵から飛び出しそうな龍の躍動を大胆に描いている。その龍を庭のコンセプトにするとは、これまた大胆だ。

大坪ご住職は、僧侶になる前はセブンイレブンで役員まで務めた元ビジネスマン。六二歳になってから僧堂に入られた。そんなご経験から、今の時代はお寺も経営のことを考える必要がある、と常に新しいアイデアで取り組んでおられる。「残すべき昔からの良いものと、新しい価値観とのバランスが大切ですね」と話される時は、ビジネスマンの顔が覗く。

庭の維持は難しい。変化してはいけないものと変化すべきものを見極めないといけない。古いものを守るためには、新しい挑戦も必要になる。美しい庭園を守るためには、さまざまな努力が必要なのだ。

「楓葉経霜紅（ふうようは しもをへて くれないなり）」

これは、圓光寺の二〇一八年のカレンダーの一一月に載っている禅語。十牛の庭の美しい紅葉が有名なこの場所にぴったりの言葉だ。楓の葉は、霜が降りて身に染みるほどの寒さを経てこそ、あの美しい赤色に紅葉する。辛いことや苦しいことを経験し、それを経て紅葉のように美しい生き方ができる、という意味が込められている。

人生は時に楽しく、時に辛い。なかなか前向きに考えられなかったり、ストレスを感じたり、なぜか上手くいかなかったり。

しかし紅葉する楓の葉を見ると、心が明るくなる。霜を経て、深まる色だからこそ、人の心を照らすことができる。「人のためにあれ」。そんな生き方ができれば、とても豊かだと思う。ここの庭を見ると、そんな気持ちになれる。「悟りは自分自身の中にある」。そう自然に思える場所なのだ。

――圓光寺から眺める京都・愛宕山の夕景。人生について思いをめぐらせるひと時。

1

2

[1] 十牛の庭には、
青もみじの季節も
爽やかな空気が流れる。

[2] 本堂の入口前にある手水鉢。
土の中に甕《かめ》が仕込まれ、
水琴窟《すいきんくつ》になっている。

[3] 秋の十牛の庭。
まるで綿の着物のような美しさだ。

3

GARDEN.11

妙心寺
退蔵院

Myoshin-ji Taizo-in

狩野元信の
美意識が
溢れる庭

1404年(応永11年)、妙心寺第三世を務める無因宗因《むいんそういん》を開山として建立された臨済宗妙心寺派大本山・妙心寺の塔頭。狩野元信《かのうもとのぶ》作と伝えられる「元信の庭」、昭和の名作庭家・中根金作による「余香苑《よこうえん》」と、二つの名庭を楽しむことができる。「元信の庭」は桜が咲く時期のみ方丈からの見学が可能(毎年期間が変わるので要確認)。

【住　　所】京都府京都市右京区花園妙心寺町35
【拝観時間】9時～17時
【Address】35,Myoshinji-cho,Hanazono,Ukyo-ku,Kyoto-shi,Kyoto-fu

❖美しい景石が置かれた「生きた襖絵」

妙心寺《みょうしんじ》の塔頭・退蔵院《たいぞういん》は、素晴らしい庭園の宝庫だ。一つは室町時代の絵師、狩野《かのう》元信《もとのぶ》によって作られたと伝えられる「元信の庭」。そして昭和の名作庭家、中根金作が作った「余香苑《よこうえん》」。作られた時代は違えど、それぞれの時代、それぞれの分野の最高峰の二人が作った庭を、この場所に来れば堪能できる。

狩野元信（一四七六～一五五九年）は、狩野派の二代目。彼は優れた絵師として雪舟、土佐光信と並んで国の三傑と称される。卓越した画技を持ち、歴代の狩野派の絵師の中でも最も高い評価を受ける。大徳寺大仙院の「四季花鳥図」が代表作としてよく知られている。

しかし元信は絵師としてだけでなく、作画の分業システムを作り上げ、経営者としても成功した人物。作画法を「真体・行体・草体」という「画体」で再編成し、様式の統一を図った。それによって誰でも狩野派の絵のスタイルを描けるようになり、職人集団として成功する。工房に沢山の職人を抱え、一度に多くの絵を描けるようになったので、納期が驚くほど短縮された。また漢画（中国風の絵）だけでなく、大和絵（日本風の絵）も描くようになり、そのジャンルの広さから、幕府、朝廷、禅宗寺院などに気に入られ、狩野派が主要な場所の絵を任されるようになった。また絵付けした扇を町衆に売るなど、経営戦略も巧みな人物だった。

元信の庭は、方丈の建物の中から眺めると、ちょうど襖絵のように見える。まさに「生きた襖絵」だ。美しい景石が配置された枯山水庭園。背景の植栽はヤブツバキが中心で、松、マキ、モッコク、ウバメガシなどの常緑樹で構成されている。これは元信が「不変の美」を求めたからと言われている。元々は双ヶ丘の山が借景として見えていたそうで、遠近感のある庭の風景が広がっていたのだろう。

石組は圧迫感がなく、すべて低い位置に作られている。ここは、建物の中から座って眺める庭。枯滝石組も座った時の視点に合わせてあるので、低い位置に作られている。ここで使われている石は平たく、横長のものが多い。これは見る人の視線が横に動くように考えた視覚の工夫。狭い空間をワイドに見せる効果を石が担っている。

こういった視覚的効果を計算して庭が作れるのは、彼が優れた絵師であった証拠だろう。どうやったら効果的に作品を見せることができるか、よく知っている。

この庭で使われている景石は、少し赤みを帯びている。水に濡れると淡いピンク色になって、何とも言えない美しい色になる。この石は金閣寺の裏山から運ばれた石と言われている。自分好みの石を見つける作業は大変だが、見事に彼の絵に描かれているような石が選ばれている。特に中央に据えられた大石が美しく、石の模様で「三尊石」を表している。ここには石橋が三つ架けられているが、そのうち一つは自然石。

方丈の中から眺めた元信の庭。「生きた襖絵」のように見える。

取ってきたものがそのまま使われている。よくこれだけの石を見つけてきたものだと感心する。石を見ているだけで、妥協を許さない元信の美意識が伝わる。

❖元信の絵と庭の共通点

二〇一七年秋に東京のサントリー美術館で開催された「狩野元信展」に足を運んだ。初めて本物の「四季花鳥図」や彼の作品を見て感動した。その圧倒的な画力は涙が出るほど素晴らしかった。その時に退蔵院の元信の庭の写真を持って行き、展示されている彼の作品と見比べてみた。すると彼の絵の中には、庭で使われている石と同じ形のものが描かれていた。滝や水の流れもそっくり。まるで庭の設計図を見ているようでとても楽しかった。狩野元信の絵と庭がリンクした瞬間だった。

「都林泉名勝図会」に退蔵院の元信の庭が紹介されている。その絵と現在の庭を見比べると、石の形も位置もまったく同じ。その保存状態の良さにびっくりする。図会の中で紹介されている庭園で、江戸時代からまったく景色が変わらないのは、金地院の鶴亀の庭と退蔵院の元信の庭だろう。元信の作と分かる資料はなくても、絵と同じ形の石が目の前にあるだけで興奮する。

中島にある四角い石にヒビが入って割れている。これは長年の間に風化して自然に割れたもの。今のご住職の奥様、松山恵美《まつやましげみ》さんは、子供の頃よくこの庭で遊んだそうだ。一度なぜこの石が割れているのかお母さんに尋ねたところ、「あなたが石の上で、縄跳びを飛んで遊んでいたからよ」と冗談で話されたそうだ。子供の頃は「私のせいで割れたのか……」と責任を感じていたと話してくださった。元信の庭が、家族の思い出として残っている。なんて微笑ましいエピソードだろうか。

水没した村の記憶を受け継ぐ石

余香苑は中根金作によって一九六五年に作庭された庭園。中根金作は二条城の清流園や城南宮《じょうなんぐう》の楽水苑《らくすいえん》を作庭、そして足立美術館の庭園も監修した人物。中根金作が作る庭は、クラシックで、華麗、正統派というイメージ。余香苑の庭園も、奥まで進んだ時に目の前に広がる滝と川の流れや、サツキの刈り込みが丘のように広がる雄大な景色が素晴らしい。

元々ここは淀んだ池と竹林の暗い場所だった。「流れる水の景色を作って欲しい」という前住職の希望に見事に応えて、美しい水の景色が作られた。中根金作は平らだった土地に高低差をつけ、緩やかな川の流れを作った。

余香苑という名前は、妙心寺の二二代管長だった古川大航《ふるかわたいこう》老師の命名によるもの。妙心寺は一三四二年（康永元年）、花園《はなぞの》上皇の花園御所を寺院に改めた場所。花園御所からの香りの余韻のある庭、という意味で「余香苑」という美しい名前が付けられ

一中島にある、ヒビの入った石。

た。庭の設計を依頼されたきっかけは、京都府の調査で中根金作が訪れていたことと、妙心寺の北門を出たところに住んでいたよしみから。京都はこういったご近所のよしみがまだまだ生きている。

退蔵院の前住職は面白いアイデアが次々と出てくる人だった。ちょうど庭作りが始まった時、和歌山県有田川上流にダムが作られることになり、花園村という村が水没するというニュースが流れた。妙心寺がある場所も「花園」。前住職は、名前に縁を感じる、とすぐ連絡を取り、花園村の石を貰うことにした。その石を中根金作に頼んで庭に使ってもらったそうだ。なんとも破天荒なご住職だ。

結果、庭には中根金作が選んだ小豆島の石、但馬石、そこに花園村の紀州石も加わり、バラエティ豊かな庭になった。花園村の人々も嬉しかったに違いない。ここに来ればいつでも自分達の思い出のものに触れられるのだ。前住職の粋な計らいが、この庭に託されている。

狩野元信の時代から、退蔵院のご住職は斬新なアイデアに溢れた人だったのだろう。絵師に庭を作らせる発想は、なかなかできない。そういう場所に、優れた芸術は集まる。

[1] 退蔵院、
「陰陽の庭」の枝垂れ桜。

[2] 「都林泉名勝図会」にも
描かれている
一文字型手水鉢。

[3] 元信の庭、中央後方にある大石。
凸凹の模様で三尊石を表す。

京都人のしかけコラム

その四

子供のためのお祭「地蔵盆」ワールド

八月後半、京都では「地蔵盆」という子供のためのお祭が行われる。

各町内には「お地蔵さん」と呼ばれる祠に祀られた石のお地蔵さんがあり、赤い前掛けを付け、お花が飾られ、大切にされている。地蔵盆の日はその祠の前に敷物が敷かれ、子供はお菓子を貰い、福引きで景品も貰える。その日は夏休みの宿題をしなくても怒られないので、子供は一日近所の子とお地蔵さんの前で遊ぶ。大人達も集まって、のんびり喋って過ごす。何かドラマチックなことが起こるわけではないのだが、町内の人で運営される、アットホームなお祭だ。

この地蔵盆、大人にとっては準備が大変。当番の人は事前に予算内でお菓子を買い、袋に小分けする。福引きの景品は、それぞれの子供の年齢を考えて見合ったものを購入。そして福引きのチケットも作らないといけない。面白い町内は、町家の二階からかごに載せた景品を下にいる子供にロープで渡している。一大エンターテイメントだ。

私の友人は、町内に子供のいる世帯が少ないので毎年当番に当たり、かれこれもう一〇年やっている。彼女は大阪から引っ越して来たので、それまで地蔵盆というお祭の存在自体知らなかった。しかしすっかり地蔵盆の中心的存在になり、今では町内長さんに意見できるほどになった。本人曰く「地蔵盆のエキスパート」だそうだ。

こういうお祭に参加する良い面は、地域のコミュニティに入りやすいという点だ。京都は閉鎖的と言われるが、こういうお祭が他の土地から引っ越して来た人を受け入れる窓口になる。神戸から京都に引っ越して来て町屋のゲストハウスをやっている人も、地蔵盆の当番をこなし、打ち合わせ場所を提供して、近所とのお付き合いを円滑にしている。

京都では、お祭が果たす役割は大きい。お祭りに参加すると見えてくる、京都人との付き合い方がある。地元の人とのコミュニケーションの手段として、お祭は今も大切なツールになっている。地蔵盆は子供のためのお祭だけでなく、大人の手腕も発揮されるお祭なのだ。

GARDEN.12

真如院

Shinnyo-in

石だけで
表現された
水のうつろい

日蓮宗本圀寺《ほんこくじ》の元塔頭で、1535年（天文4年）、日映《にちえい》上人により開創された。庭園は、織田信長が足利義昭をもてなすために作られたと言われる。水が滝口から流れ、川に変化する様子を青い平板石で表した「うろこ石」は、庭園の大きな見どころ。庭園は、昭和に入って重森三玲が改修した。

【住　　所】京都府京都市下京区猪熊通五条上ル柿本町677
【拝観時間】10時～15時（秋の特別公開日以外は非公開）
【Address】677,Kakimoto-cho,
Inokumadorigojyo-agaru,Shimogyo-ku,Kyoto-shi,Kyoto-fu

❖信長の天下人への執念が窺える「うろこ石」

「庭が政治を動かす」、そんな時代があった。

戦国時代、織田信長は天下統一を果たすため入洛する。足利義昭を一五代将軍として擁立し、天下人となるため将軍家の後ろ盾を得ようとした。一五六八年（永禄一一年）、信長は当時堀川六条にあった本圀寺《ほんこくじ》に、足利義昭のための仮御所を置く。本圀寺は一五六〇年（永禄三年）、足利一三代将軍・義輝が天下泰平の祈願を行った場所。その時に義昭も参拝し、真如院《しんにょいん》を宿坊とした。信長はこの真如院に義昭のための美しい庭を作り、彼を迎えたと伝えられる。

足利家には、代々お庭好きの血が流れている。三代足利義満は金閣寺、そして八代足利義政は銀閣寺と、京都の美しい庭園は足利ファミリーのお庭好きDNAのお陰で出来ている。そのお庭好きDNAを利用して、信長は義昭を美しい庭園でもてなす。「外交手段として庭を利用する」という信長の発想が面白い。相手の趣味嗜好をよく研究して、一番喜ばれるものをプレゼントする。外交のプロフェッショナルだ。

現在の真如院は、五条猪熊通を上ったところにある小さな寺院。領地は今よりもずっと広く二〇〇〇〜三〇〇〇坪ほどあったらしい。その様子が「都林泉名勝図会」の絵から分かる。

この庭で一番目を引くのは、美しい「うろこ石」だ。青い平板石を並べて水の流れを表した「枯れ流れ」。水が滝口から豊かに流れ、川に変化する様子が、すべてこのうろこ石で表現されている。これはとても珍しいデザインで、他に類を見ない。

うろこ石はすべて同じ色、同じサイズで揃えられている。信長の「手腕」が、この石を通して伝わる。これだけの美しい青石を揃えるのは労力も時間もかかっただろう。しかし、それをできるところが信長の力。素晴らしい庭園を作ることで義昭のご機嫌を取り、天下人になろうとした信長の必死さが伝わる。鉄砲などの武力ではなく、ここでは美しいうろこ石が彼の「武器」だった。

このうろこ石をよく見ると、一つ一つが本当に美しい。石が水飛沫のようにキラキラと輝いて見える。今の物が溢れている時代でもそう思うのだから、義昭はその美しさにきっと心奪われたに違いない。今よりももっと広い場所に整然と並べられたうろこ石の枯れ流れは、さぞかし荘厳な風景だっただろう。当時、庭には京の名水「真如水」の井戸もあり、名水とうろこ石の枯れ流れが揃った豪華なお庭だった。

❖義昭が愛した烏帽子石と瓜実灯籠

真如院の庭には、一五六〇年に義昭が本圀寺を参詣した際、本圀寺から自分の宿坊の真如院に移させたと言われる烏帽子石《えぼしいし》が据えられている。江戸幕府が編集した地誌

滝口から流れる水の様子を表したうろこ石。

「山州名跡志《さんしゅうめいせきし》」には「永禄三年（一五六〇年）義昭参詣あって寺内を巡覧の時、かの石を見て宿坊のゆえ当院へ移して愛をなさり」とある。わざわざ移動させるほどお気に入りの石だったようだ。そして、義昭がかなりの石好きだったことが窺える。元々は烏帽子が掛け置きできるよう石の右肩が尖っていたようで、「都林泉名勝図会」の図にもそう描かれている。しかし後年尖ったところが割れてしまい、今は違った形になっている。しかし義昭好みの石として、庭の重要なアクセントになっている。

また、卵のような面白い形をした瓜実《うりざね》灯籠が庭の中心に据えられている。これは、禅僧のお墓に用いる「無縫塔」に火を灯すための穴を開けたもの。丸い卵のような部分が一つの石で出来ているので「無縫＝縫い目のない」塔と呼ばれる。

これは鎌倉時代に中国から入ってきた形式で、高僧や初代住職（開山）のお墓として使用された。「都林泉名勝図会」には「義昭公の銘あり」と説明があり、義昭のお気に入りだったようだ。義昭の石好き、灯籠好きは、後世に語り継がれるほど有名だったのかもしれない。

❖住職と作庭家の縁で蘇った庭

信長が作り、義昭に愛されたこの庭は、その美しさを継承する人物を引き寄せる不思議な力を持っていた。明治になって度々改修されすっかり荒廃していたこの庭を、

庭の中心に据えられた瓜実灯籠と烏帽子石。

昭和に入って重森三玲が再び美しい庭に生まれ変わらせた。

真如院の庭とこの名作庭家を繋いだのは、今年九〇歳になられる拾井司雄《ひろいしおう》ご住職。一九三六年、重森三玲は移転する前の真如院庭園の測量調査を行った。その横で測量作業を見ていたのが当時まだ若かった拾井住職。その時の思い出がずっと心に残っていたという。一九四九年、寺院が現在の場所に移転するのをきっかけに、重森三玲に庭の復元を依頼することを決心する。

自ら吉田神社の近くにある重森三玲の自邸（現在の重森三玲庭園美術館）に出向き、直接本人にお願いして、復元の話を引き受けてもらう。そして一九六一年、四〇〇年の時を経てこの庭は再び安土桃山時代の美しい姿に蘇った。

今の場所に寺院が引っ越しする際、住職はうろこ石や庭石も一緒に運び、復元してもらうまでの一〇年間大切に保管されていた。うろこ石が足りない部分は、重森三玲によって選ばれた緑泥片岩の小石によって補足された。

敷地がかなり狭くなった場所での庭の復元は大変な作業だっただろう。庭園の復元作業ついて、重森三玲はこう語っている。

「昭和十一年の実測図を参考にしながら、他面『都林泉名勝図会』をも参考に致しました。（中略）何分敷地の奥行が半分以下となっていますので、この点は随分苦心致しました。でも大体にもとの形がよく表現されたと思っていますし、石組その他も、

実測当時の本院の庭と比較しますと、ずっと美しくなった訳です」（真如院パンフレットより）

この庭を見ると、重森三玲の自信のほどが窺える。場所が狭くても、枯れ流れや石組が美しく表現され、かつ限られた数のうろこ石が引き立つよう緻密に川の形がデザインされている。織田信長×重森三玲。それぞれの時代のそれぞれのセンスが昭和になって結びつき、庭園を更に魅力的なものに変えた。

拾井ご住職は、今も毎日の庭のお手入れを欠かさず行っておられる。四五〇年前のうろこ石は非常に割れやすく、上に乗って掃除するのも十分な注意が必要だそうだ。「幸い私は体重が軽いので、上に乗っても石は割れないんですよ」と微笑むご住職の笑顔から、この庭を慈しまれる気持ちがとても伝わってくる。美しい庭は、その美しさを慈しむ人達によって何百年も守られ、後世に残されていく。拾井ご住職のお陰で、ここの庭は次の世代に継承された。

真如院の庭園は一年に一度だけ、一〇月の終わりから一一月にかけて数日だけ公開される。私は毎年この時を楽しみにしている。一年に一回ここに来て庭と向かい合い、一年を振り返る。雨が降るとうろこ石が水に濡れて輝き、本当に美しい。この庭の美しさと静けさが、自分へのご褒美なのだ。

[1] 枯れ流れの下流部分。重森三玲によって選ばれた緑泥片岩の小石が、
上流部分の信長の時代のうろこ石を補っている。

[2] 庭園右手にある呼子手水鉢。前面には父、子、母の文字が彫られており、
幼子の菩提を弔うため奉納されたと言われている。

GARDEN.13

泉涌寺
雲龍院

Sennyu-ji Unryu-in

建物の中から
庭を
楽しむ寺

1372年（応安５年）、後《ご》光《こう》厳《ごん》天皇により創建された泉涌寺の塔頭寺院。
1389年（康応元年）、後《ご》円《えん》融《ゆう》天皇が開いた「如法写経の道場」でもある。
「悟りの窓」のある「悟りの間」、正方形の障子窓が特徴の「蓮華の間」などから眺める庭が美しい。

【住　　所】京都府京都市東山区泉涌寺山内町36
【拝観時間】9時～17時
【Address】36,Yamanouchi-cho,
Sennyu-ji,Higashiyama-ku,Kyoto-shi,Kyoto-fu

❖庭を眺めて過ごすゆったりとした時間

一度訪れただけなのに、心に残る寺院がある。何年か後に来訪しても、やはり同じ心地良さを感じるところ。五年ぶりに訪れた雲龍院《うんりゅういん》は、まさにそんな場所だった。

優しげなお寺の雰囲気や、そこかしこに生けられた紫陽花などの花に心が和らいだ。ここはあまりお寺っぽい雰囲気がない。もちろん格の高い寺院であるのだが、他の寺院に比べるともっと身近で、親しみやすい雰囲気がある。市街から少し離れた山の中にあることもあり、何かの結界に守られたような安らぎも感じる。ここは少し疲れた時に訪れたい、シェルターのようなところだ。静かに拝観できるところもいい。京都にはまだこういう寺院が残っている。

雲龍院は泉涌寺のさらに奥に位置する別院で、泉涌寺派の別格本山。泉涌寺の塔頭寺院だが、皇族との縁の深さから、別格本山という高い寺格が与えられている。そのため、小さな寺院だが上品な空気が流れている。

南北朝時代の一三七二年（応安五年）、北朝天皇の後光厳《ごこうごん》天皇の帰依により建立された。その時から今も皇族との関係が六五〇年続いている。本堂の龍華殿《りゅうげでん》は一三八九年（康応元年）の建立で、一六四六年（正保三年）、本院中興の祖・如周《にょしゅう》大和尚の時に後水尾天皇からの寄進で復興された。さわら材を竹の釘で打った柿葺《こけらぶき》の屋根が大変貴重として、国の重要文化財になっている。

この雲龍院には、建物の中から庭を楽しめる場所が多い。「悟りの窓」と言われる丸窓のある部屋などさまざまな部屋があり、どこからでも庭が眺められる。お抹茶とお菓子をお願いすると、自分の好きな場所でいただける。自分だけの場所でゆっくりと過ごすことができるとは、何とも贅沢だ。中庭を眺めていると鳥や蝶も飛んで来る。そんなゆったりとした時間を楽しめる寺院はなかなかないので、のんびりと庭を眺めて欲しい。雲龍院は写経道場なので、受付でお願いすれば般若心経の写経もできる。心穏やかになれるところだ。

「蓮華の間」は、四枚並んだ障子に正方形の障子窓が美しい部屋。この障子窓から中庭がちらりと覗く。障子越しに景色を楽しむというのは、日本人独特の楽しみ方だろう。限られた景色から想像力で楽しむことができるのは、日本人の豊かな感性によるものだ。

障子を開けると、庭の中央にサツキの刈り込みに囲まれた寄せ灯籠が一基立っている。寄せ灯籠は、複数の材料を寄せて作られた灯籠のこと。石塔の残片を用いたものが多い。灯籠の前に据えられている石は、秀吉が建立した方広寺大仏殿の伽藍石《がらんいし》と言われている。伽藍石とは、社寺の柱の礎石を庭園に転用したもの。飛石の踏分石《ふみわけいし》（次の行き先を決めるときに一度立ち止まるための石）としてよく使われる。雲龍院のもの

悟りの間にある、丸い「悟りの窓」。

は、ゴロンとしたそのままの形で据えられている。どこか愛らしいこの石があることで、庭もチャーミングに見える。

ここは誰か有名な作庭家によって作られた庭ではない。雲龍院の市橋《いちはし》朋幸《ほうこう》ご住職にお聞きすると「歴代の住職によって作られた庭」だそうだ。しかしサツキの刈り込み方などなかなか個性的で、雲のような面白いデザインになっている。雲龍院という名前の通り、龍が雲を縫って泳ぐようにも見える。

先代のご住職がお庭がお好きで、自ら庭木のお手入れをされていたらしい。先代のご住職のセンスなのか、この刈り込みが庭に個性的なアクセントを加えている。五月のサツキの頃は一斉に花が咲き、とても華やかな景色になる。ここの楓の木は大きく樹形も見事なので、秋の紅葉も見事だ。

私がここで一番好きな場所は、玄関を入ってすぐ横にある、小さな坪庭の空間だ。美しい形の加茂川真黒石《まぐろいし》（加茂川水系で採れた黒石。京都加茂七石の一つ）が一石だけ置かれ、後は砂紋が引かれているのみ。この真黒石は観音像を表している。まるで光の筋の向こうに観音様がすっと立っておられるようだ。シンプルだがとても美しい空間。ここは最近作られた平成の庭で、庭木の手入れをされている斎藤造園さんによるもの。観音像からすっと真っ直ぐに引かれた一本の砂紋が効いている。狭い空間でシンプルかつ美しくデザインをすることは難しいが、それをサラリとやっておられる。

玄関横の坪庭。加茂川真黒石が一石だけ置かれている。砂紋も美しい。

ここの上品な空気にいつもハッとする。

❖「山の中で出会った木」を生ける

この雲龍院で、季節毎に花と木を生けておられるのが華道家の清水南龍《しみずなんりゅう》（南文《みなふみ》）さん。その季節と空間に合った作品を、素晴らしい感性で生けておられる。訪れた人々は、まるで宝物を探すようにさまざまな場所に生けられた清水さんの作品を見つけ、歓声を上げる。空間といけばなの調和が美しく、伊勢和紙や袱紗《ふくさ》などを使った設えも楽しい。

清水さんにお話を伺ったところ、雲龍院で生けるものはできるだけ山採りのものを使っておられるとのこと。早朝に起きてまず体を清め、神様にお祈りし、感謝してから山に採りに行く。山に入ると、体が勝手に動くそうだ。不思議な力に導かれ、これだ、と思える木に出会える。その木を雲龍院で生けると神々しさを増し、訪れた人の心を打つ。清水さんの自然への畏怖や慈しむ気持ちが、作品に込められているのだ。

清水さんはキリリとこう仰った。「僕のいけばなは、書から来ています。書を書くように、生けているんです」。お父様が書芸家、お母様が華道家という環境で生まれ育った清水さんには、書といけばなが一体なのは自然なことだった。清水さんの作品はまるで筆が流れるように、花や枝がなめらかに生けられて、生き生きとしている。

まさに「生ける花」だ。しかし一〇年間、いけばなも書もまったく辞めておられた期間があった。周りから「お前の花は固い」と言われ、自分の中からすべてを一旦抜く、という作業を一〇年間された。その経験があって、今のスタイルに辿り着いたそうだ。

清水さんのいけばなには無理がない。花や木が自ずと美しい方向へ向いているようだ。「まず手の中で花を束ねます。そうすると花が自然と収まり、手の中で作品になる。それを生けていくんです」。手で覚えた感覚というものは、決して忘れないそうだ。「体が学んで自然に滲み出るものは、必ず人を感動させます」。多くの経験から自分のいけばなを確立された清水さんだから、この言葉が出る。インスタグラムで清水さんの作品が沢山アップされる人気の理由は、いけばなを通して清水さんのお人柄やメッセージが伝わるからかもしれない。

清水さんが雲龍院で花や木を生けるようになったのは、ご住職から「ここを〝サロン〟のような場にしたい」と要望があったから。いろんなジャンルの人が集まり、「技」が集まることで、訪れる人達が癒される場所にしたい、というご住職の願いからだ。行事の時などは、ボランティアで多くの人達が手伝いに集まってくれるそうだ。

さまざまな分野の人達が集まって、ウェルカムな空気が出来る。そして訪れる人を優しく迎え入れてくれる。歴代の皇族に愛された寺院は、今もこの時代の人々から愛されている。ここは「癒し、癒される寺」なのだ。

「大輪の間」に飾られた清水南龍氏の作品。雪柳とシデコブシが書を書くようにあざやかに生けられる。題は「盛春：静山行雲　舞春風」。（写真・清水南龍）

1

2

[1] 蓮華の間から眺めたサツキと青もみじ、
灯籠と礎石の景色。

[2] 秋の雲龍院。
「大輪の間」から庭園を望む。

GARDEN.14

勝林院
宝泉院

Shorin-in Hosen-in

風景が
襖絵と化す
「額縁庭園」

平安時代末期、大原寺《だいげんじ》勝林院《しょうりんいん》の僧家として創建。天台仏教が栄えた京都・大原の中心的道場となった。客殿から眺める庭は「額縁庭園」として知られ、風景が襖絵のように広がり圧巻。樹齢700年と言われる大きな五葉松も有名。

【住　　所】京都府京都市左京区大原勝林院町187
【拝観時間】9時～17時
【Address】187,Syorinin-cho,Ohara,Sakyo-ku,
Kyoto-shi,Kyoto-fu

❖紅葉を愛でる日本人独特の感性

日本人は、紅葉に特別な思い入れがある。秋になると、紅葉の名所には多くの人が訪れる。東福寺の通天橋や永観堂の紅葉は毎年人気のスポットで、二時間待ちの行列が出来るほど。書店には紅葉特集の本が溢れる。しかし不思議なことに、海外の人から紅葉について聞かれることはほとんどない。海外メディアやガーデナー達に聞かれるのは、決まって桜のこと。いつが見頃か。どこの庭園の桜が美しいか。日本人にとって桜はどんな存在か。そんな質問をよくされる。

海外で真っ赤なイロハモミジを見ることは難しい。カナダはシュガーメープル（砂糖楓）というシロップを採る楓が主流で、秋になると葉はオレンジや黄色の明るい色に紅葉する。真っ赤な紅葉は彼らには馴染みがない。それどころか、紅葉を愛でる、という文化自体なかった。

一度、秋の紅葉の季節にヨーロッパのグループを大原の三千院に連れて行ってあげたが、みんな美しい紅葉よりも苔むしたお地蔵さんの写真を撮ることに夢中だった。逆に、真っ赤な紅葉でこれだけ盛り上がれる日本人の方が特別なのかもしれない。紅葉狩りは、四季の違いを繊細に感じ取る日本人らしい文化なのだ。

賑やかな三千院の参道を抜け、橋を渡ってさらに奥の静かな道を行くと、ひっそりと、隠れ家のような佇まいの寺院が現れる。宝泉院《ほうせんいん》という天台宗の寺院で、平安末期、大原寺《だいげんじ》勝林院《しょうりんいん》の僧の住まいとして創建された。僧の住まいだったからか決して華美ではなく、落ち着いた雰囲気がある。入口には山水を利用した滝や池があり、水の音が清々しい。

ここは額縁庭園が有名で、江戸中期に建てられた客殿からの眺めが、広縁の窓枠を通して襖絵のように広がる。額縁で見ると景色が凝縮され、際立って見える効果がある。建物からの眺めを大切にする、日本ならではの庭園の鑑賞方法だ。

客殿の西側の庭園は、竹林が背景となって奥行きのある景色になっている。さらに、竹林の背後には大原の山里の風景が控え、この庭を特別なものにしている。庭からは見えないが、ちょうど山の方向に寂光院《じゃっこういん》がある。寂光院は平清盛の娘、建礼門院徳子《けんれいもんいんとくこ》が壇ノ浦の戦いで生き延び、尼僧となって隠棲した寺院。平安時代、大原は出家、隠棲した人がひっそりと暮らす場所だった。そのためかどこか物憂げなこの里の風景によって、宝泉院の庭も儚げに見える。

春は桜や山茱萸《さんしゅゆ》、三椏《みつまた》などの木が花を咲かせる。和紙の原料として使われる三椏は、すべての枝が三つに分かれることからミツマタ（三つ叉）という名前が付く。黄色い花を咲かせるが、ここのものはアカバナミツマタという白とオレンジの花が咲く種類。手水鉢の周りを取り囲んで咲くその姿はとても可憐だ。桜のピンク、山茱萸の黄色、

春、可憐な花を咲かせるアカバナミツマタ。

三椏のオレンジに、青もみじと竹の緑が、春の柔らかな景色を作っている。秋は楓の紅葉と竹林の鮮やかな景色になる。ここの楓の木は大きく枝が横に広がるので、まるで長谷川等伯が描く楓図のように美しい。三椏の黄色い紅葉も加わって、華やかな秋の庭を楽しめる。

この庭は「盤桓園《ばんかんえん》」と呼ばれる。盤桓園とは「立ち去りがたい庭」という意味。特に夕方になると西陽が差し込み、赤い毛氈《もうせん》に落ちる光と、輝く庭の景色がとても美しい。名前の通り、ずっとこの場にとどまりたくなる。

❖樹齢七〇〇年を数える五葉松の迫力

山崎豊子の小説「不毛地帯」の中で、主人公の壱岐正《いきただし》が宝泉院を訪ねるシーンがある。山崎豊子の手にかかると、夕暮の庭園の美しさはこう描かれる。

「やがて夕陽が射しはじめると、竹の葉が薄茜色《うすあかね》に染まり、重り合った竹の葉の間にきらきらと夕陽が溜り、茜色の朱を増すにつれ、炎が燃えるようにオレンジ色に変り、やがて金色に照り映えたかと思うと、竹藪全体が後光に包まれたような光を放ち、夕風にそよぐ竹の葉先が、金色の海にさざなみをたてるように揺れ動いた。竹の葉一枚一枚を染め、竹藪の奥までその光を吸い取っている奥深さと微妙な光を映し出している静けさの中に、めくるめくような強烈さが秘められ、金色の光がさらに燦然《さんぜん》とした輝きを増したかと思うと、夕陽がかげり、さながら幽玄の世界を眼のあたりにするようであった」

なんて美しい描写だろうか。山崎豊子もこの庭園を訪れ、夕陽の景色に感動したのだろう。この文章を読むと、すぐにでも宝泉院を訪れたくなる。

客殿の南側には、樹齢七〇〇年と言われる大きな五葉松がある。五葉松でこれほど大きなものは大変珍しい。この松は面白い形をしていて、まるでＵＦＯのような、つばの広い帽子のような、不思議な形をしている。これは近江富士を表している。近江富士とは、滋賀県野洲市にある三上山のこと。紫式部の歌に「打ち出でて　三上の山をながむれば　雪こそなけれ　富士のあけぼの」とあり、平安時代にはすでに富士山のように美しい山とされていた。この五葉松の枝振りが雄大で美しく、額縁効果で見るとさらに迫力がある。高浜虚子はここを訪れ、「大原や　無住の寺の　五葉の松」と詠んだ。静かで小さな大原の寺院の中に、こんな力強い五葉松があるとは、想像もつかなかったのだろう。この松を初めて見た時は、誰もがこの迫力に驚く。

客殿から見るこの二つの庭は、まったく趣向が違っている。一つは、季節を感じさせる柔らかい四季の庭、もう一つは、ずっと変わらない永続的な美を感じさせる力強い庭。その対比が素晴らしい。

中庭には、江戸時代の中期に作られた鶴亀の庭園がある。池全体の形が鶴を表し、

客殿の南側にある五葉松。額縁効果で迫力満点。

入口側の築山が亀を表す。築山の奥には山茶花の古木があり、蓬萊山に見立てられている。樹木を蓬萊山に見立てるというのはとても珍しい。

そして、山茶花の手前には樹齢三〇〇年と言われる沙羅双樹《さらそうじゅ》の木が植えられている。沙羅の木は、日本では夏椿のこと。二本植えられると双樹になる。この沙羅双樹もかなり幹が太く立派で、他の寺院で樹齢三〇〇年と言われるものよりもずっと大きい。大原の地は、樹木が育つ環境に恵まれているようだ。

宝泉院の門の前には、素晴らしい真の敷石がある。宝泉院から勝林院へ行く道だけがこのデザインになっていて、この場所の格の高さを感じる。切石の幾何学模様、自然の石の質感、抑えられた色調の中のわずかな色の違いがとても美しく、そこに光が差すと目地の苔が輝く。毎日この道を歩いてお寺に通っていた僧侶の心を、豊かにしていたことだろう。

ここは小さな寺院だが、美しい風景に溢れている。一〇〇〇年の歴史の中で培われた美は、重みを感じるというよりも、軽やかで、たおやかで、力強い。その魅力に惹かれて、文人や多くの人が訪れるのだろう。

鶴亀の庭園に散る沙羅双樹の花。

1

2

[1] 青もみじと竹の緑があざやかな
春の盤桓園。

[2] 冬の宝泉院。
庭はその表情を一変させる。

京都人のしかけコラム

その五

京都人にとっての超重要イベント「区民運動会」

一〇月になると、京都のどの地域でも行われる「区民運動会」。区毎に行われる運動会で、町内対抗で綱引きや玉入れ、借り物競走や徒競走などが行われる。これが京都で生きるか死ぬかの天下分け目の戦いになるとは、他府県の人には想像もつかないだろう。

まず参加は必須。不参加などあり得ない。友人のお姉さんは「親が死んでもお葬式より区民運動会に出る」と言っていた。特にお年寄りの多い町内では、若い人は絶対参加しないといけない。走れる人材はとても貴重だ。

区民運動会は、みんな真剣勝負だ。冷やかしの参加などは許されない。ある町内は玉入れセットを持っていて、一年中猛特訓しているそうだ。

友人の町内はお年寄りの参加がほとんどにも関わらず、綱引きで消防署の寮のある町内と当たり、筋骨隆々の猛者達と対戦することになった。お世話役だった友人はお年寄り達に「危険ですから絶対縄を引っ張ってはいけません！　危ないので競技が始まったらすぐ手を離してください！」と全員に危険勧告したそうだ。その甲斐あって、綱引きが始まって一秒で勝負が決まり、誰も怪我をせずに済んだ。区民運動会では、消防士もお年寄りも同じ土俵で勝負する。手加減なしのまさに仁義なき戦いなのだ。

京都は元々、町内ごとに結束してきた歴史を持つ。室町時代からあった町衆文化は、町内での自治や結束を大切にした。今でも区民運動会が盛り上がり、他の町内との戦いに必死になるのは、京都人の町衆パワーや地元愛の表れだと思う。区民運動会も地蔵盆と一緒で、ここで活躍すると町内からとても感謝され、一躍ヒーローになる。京都は住みにくい町ではない。八月の地蔵盆と一〇月の区民運動会に参加、貢献すれば、馴染みやすい町なのだ。

ちなみに区民運動会では、何かの競技に参加するたびに参加賞としてお醤油やサラダ油などが貰える。友人は毎年、区民運動会で一年分の調味料を仕入れている。区民運動会は家計にも優しい行事である。

GARDEN.15

作庭家が
こだわった
真黒石の犬走り

並河靖之
七宝記念館

Namikawa Cloisonne Museum of Kyoto

明治時代から大正時代にかけて活躍した七宝家・並河靖之《なみかわやすゆき》の旧邸宅に、七宝作品を展示した記念館。一般公開されている庭園は、七代目小川《おがわ》治兵衛《じへえ》の作庭によるもの。貴船石《きふねいし》や真黒石など名石が使われている。

【住　　所】京都府京都市東山区三条通北裏白川筋東入堀池町388
【開館時間】10時～16時30分（入館16時まで。月曜・木曜休館。
祝日の場合は翌日に振替。夏季・冬季長期休館あり）
【Address】388,Horiike-cho,Shirakawasujihigashi-iru,
Sanjodorikitaura, Higashiyama-ku,
Kyoto-shi,Kyoto-fu

❖一九世紀に世界から認められた七宝家

明治時代は、それまで日本人が蓄積していた芸術のエネルギーが、一気に海外に向かって放出され、花開いた時代だ。多くの日本の美術品や工芸品が海外で紹介され、日本人が作る繊細で美しい作品がパリやアメリカの万国博覧会で賞賛され、人々の心を魅了した。

ヨーロッパの芸術家達の間でも日本の影響を受けた作品が多く制作され、クロード・モネが着物を纏った少女の絵を描き、ゴッホが歌川広重の浮世絵を模写した。一八七六年（明治九年）に刊行されたフランスの辞書に「japonisme（ジャポニズム）」という単語が掲載されるほど、当時日本のアートはフランス芸術に大きな影響を及ぼした。日本人が表現する、自然への愛情に満ちた細やかな美しさは、海外の人達にとても新鮮だっただろう。誰も行ったことのない、何処にあるかもよく分からないアジアの国。そこから生まれる美しい工芸品。それらを目にした欧米の人達は、日本についてさまざまな想像を膨らましたに違いない。

そんな時代背景の中、ニューオリンズ万博やパリ万博など、国内外の博覧会で何度も金賞を取った日本人がいた。有線七宝を極め、世界にその芸術品を知らしめた七宝家、並《なみ》河《かわ》靖《やす》之《ゆき》だ。

並河靖之は一八四五年（弘化二年）、京都生まれ。一一歳の時に親戚の並河家の養子となって家督を継いだ。並河家は代々、青蓮院《しょうれんいん》に仕える家柄。靖之も近侍として、青蓮院《しょうれんいん》宮《のみや》入道《にゅうどう》尊融《そんゆう》親王（還俗後に名称が変遷し久邇宮《くにのみや》朝彦《あさひこ》親王となった）に仕えた。明治維新後も並河靖之は朝彦親王に仕え、その傍ら七宝を勉強することになる。彼は試行錯誤を繰り返し、独自のスタイルを確立していった。

その甲斐あって一八七六年（明治九年）のフィラデルフィア万博で銅賞牌、翌年東京で開かれた第一回内国勧業博覧会で鳳紋褒賞牌、そして一八七八年（明治一一年）のパリ万博で銀賞牌を獲得する。その後国内外の賞を数々受賞し、一八九六年（明治二九年）には七宝家として初めて帝室技芸員に選ばれた。

❖「お隣」の庭師が作った名庭

そんな彼の元工房と自邸が、現在「並河《なみかわ》靖之《やすゆき》七宝《しっぽう》記念館《きねんかん》」として三条白川周辺の静かな場所に建っている。海外で賞を取ったことがきっかけで、彼の家には沢山の外国人顧客が訪れるようになった。一八九三年（明治二六年）に建てられた家の鴨居は外国人の客のために高く設計され、当時としては珍しく一八〇センチもあった。

そして、部屋にはこれまた珍しい「ガラス障子」が使われている。これは紙の代わりにガラスで出来ている障子。部屋から庭の景色を眺められるよう、和室は畳に座っ

七宝家・並河靖之の元工房と自邸が並河靖之七宝記念館として公開。

た高さに、洋室は椅子に座った目線に合わせて透明なガラスが入れられている。きっと海外からの客も部屋から庭を楽しめるしかけに喜び、話も弾んだことだろう。

ここの庭はさほど大きくないのだが、庭のほとんどを池が占めている。七宝焼の研磨用に邸内に引き込んでいた琵琶湖疏水を使い、池の水に利用した。家の下にまで入り込んだ池のデザインは、庭を実際よりも広く見せている。

この素晴らしい庭園を作ったのは、七代目小川治兵衛《おがわじへえ》。明治の名作庭家だが、彼が並河靖之邸の庭を手掛けた時はまだ無名の庭師だった。なぜ治兵衛が並河靖之の庭を手掛けることになったのか？　それは、お隣のよしみからだ。

並河靖之七宝記念館の庭園は、京都市の指定名勝になっている。名勝の指定文には「植治（※七代目小川治兵衛）が後の作風を築き上げるうえで重要な時期に造られたものであり、並河靖之の芸術観をも受け入れた密度の濃い庭園として貴重なものである」とある（※著者注）。

小川治兵衛は並河靖之の期待に見事に応え、大胆な庭を作った。池を家の下にまで入り込ませ、柱を支える礎石は水面から顔を出している。水の景色を取り込んで美しい庭を作る、小川治兵衛の得意技がすでにここで発揮されている。

ここを訪れたイギリス人のハーバート・G・ポンティングは、著書「この世の楽園・日本」（一九一〇年）の中で、この庭園を見た感想をこう述べている。「庭の構図は完璧であった。欠けているものは何一つなかった。細かい隅々までそれを設計した造園芸術家の手の入っていることが明らかであった。どの茂みも、どの橋も、どの石灯籠も、一つ一つの庭石でさえも、庭全体の構成に役立つように配置されていた。もし何か付け加えたり、取り除いたりすれば、たちまちそれに気がつくにちがいない。それほどあらゆるものが完璧であった」

並河靖之の庭の後に、治兵衛は無鄰菴《むりんあん》の庭を手掛けている。琵琶湖疏水の水を引き込んだ庭園は、並河靖之邸の庭ですでに行われていた。

❖庭を際立たせる貴船石

ここの庭でまず目を引くのは、池に浮かぶ柱の基礎となっている石。赤と白が混ざった趣きのあるこの石は貴船石《きふねいし》と言い、京都加茂七石の一つ。江戸時代から景石として使われたが、現在は採石禁止になっている。この貴船石が全体の景色のフォーカルポイントとして、この庭の美しさを際立たせている。

この頃小川治兵衛は庭師だけでなく、石屋としての看板も掲げていた。ここの庭には彼の石へのこだわりも感じられる。また庭の中央には、赤い灯籠が建てられている。赤い石を使った灯籠は、大変珍しい。治兵衛は並河靖之のためにさまざまな名石を集めてきたのかもしれない。

池に浮かぶ柱の基礎となっている貴船石。

小川治兵衛のこだわりやこの庭への愛情がよく伝わる場所がある。真黒石と古瓦を組み合わせた犬走りのデザインだ。真黒石は京都の鴨川で採れた石で、水に濡れると黒光りに輝く。雨が降ると屋根から水が滴り落ち、犬走りの真黒石は漆黒に変わる。平安時代と安土桃山時代の古瓦との組み合わせ方がとても美しく、芸術的な意匠となっている。

丸い蓮華紋の古瓦は一二世紀のもので、平安時代この地にあった六勝寺《りくしょうじ》のもの。そして可愛らしい桐の紋が入った瓦は安土桃山時代のもので、豊臣秀吉が建立した方広寺のもの。大仏瓦とも呼ばれる。方広寺には大仏殿があったが、一五九六年（慶長元年）の大地震で大破した。この地に所縁のあるものを使うことで、良いデザインということだけでなく、庭に歴史的な深みも与えている。

小川治兵衛は古瓦の収集家であった。そして息子の白楊《はくよう》も父の影響を受け、熱心な古瓦の収集家だった。白楊の知識は考古学者レベルで、瓦の本を出版するほどだったそうだ。この犬走りの意匠から、小川親子の並々ならぬ古瓦への情熱を感じる。

お隣さん同士の関係で出来た庭。明治という新しい時代に、優れた感性で美しい七宝焼を極めた並河靖之と、彼に相応しい近代的な庭園を作り上げた小川治兵衛。芸術家と庭師の美意識を、ここで感じることができる。

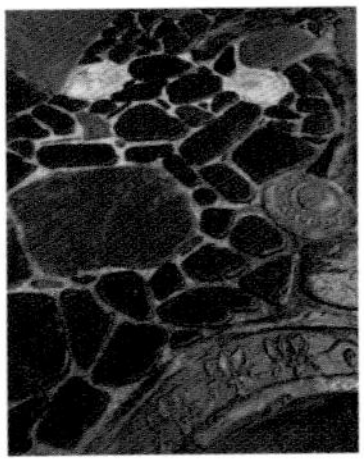

真黒石と古瓦が組み合わさった犬走り。桐の紋が入った古瓦は方広寺のもの。

[1] ガラス障子を通して庭園を眺める。

[2] 庭の中央にある灯籠。
珍しい赤石を使っている。

[3] 池の水は、
七宝焼の研磨のため
琵琶湖疏水を
工房に引いていたものを利用。

GARDEN.16

無鄰菴

Murin-an

山縣有朋が
愛した
秀吉ゆかりの石

1894年（明治27年）～1896年（明治29年）に明治・大正時代の政治家・山縣《やまがた》有《あり》朋《とも》の別荘として造営された。庭園は、山縣有朋の指示に基づき七代目小川治兵衛が作庭。東山の借景や故郷を模したと言われる自然風景式の造形で知られる。

【住　　所】京都府京都市左京区南禅寺草川町31
【拝観時間】8時30分～18時（4～6月）、7時30分～18時（7～8月）、
8時30分～18時（9～10月）、7時30分～17時（11月）、
8時30分～17時（12～3月）
【Address】31,Kusakawa-cho,Nanzenji,Sakyo-ku,Kyoto-shi,Kyoto-fu

❖山縣有朋の「好み」が横溢する庭

さまざまな庭園を見て思うのは、「趣味の庭」が一番羨ましく、面白い、ということだ。寺院庭園とは違い、個人の「趣味の庭」はその人の好きなように自己流で作られることが多い。様式美とは違った美しさが、個人庭には存在する。その人のセンスやアイデアで「無作為の作意」のデザインが生まれる。それがきっかけで新しい庭園スタイルが生まれることも多い。既存のものに捕らわれない、ということは、時にとても大切だ。

明治という新しい価値観が生まれた時代に、まさに理想や希望を具現化した「趣味の庭」が出来上がった。岡崎にある山縣有朋《やまがたありとも》の京都の別邸、無鄰菴《むりんあん》だ。

山縣有朋（一八三八～一九二二年）は、長州藩の蔵元附中間《ちゅうげん》という、足軽より低い身分の家の二男として生まれた。しかし明治政府で陸軍大将、政治家としては第三代と第九代の内閣総理大臣を務め、まさに立身出世、明治維新ドリームを手に入れた人物だ。

「明治の元勲」として語られる有朋だが、彼の趣味は庭づくりだった。東京の椿山荘（一八七八年購入。太平洋戦争で焼失し、当時の姿はほとんど現存せず）、京都・岡崎の無鄰菴（一八九六年）、小田原の古稀庵（一九〇七年）など、山縣有朋は数々の庭を自ら設計し、生涯をかけて庭を作ることを楽しんだ。

無鄰菴は、山縣有朋のランドスケープデザイナーとしての才能が存分に発揮された庭園だ。デザイナーとしての山縣有朋はとても興味深い。新しい庭のスタイルを、自分の美意識で作り上げた。

山縣有朋は田舎の風景を好み、東山の借景を取り込んだ小川が流れる景色を一から作った。澱んだ水を嫌ったので池ではなく、流れる小川を庭にデザインした。また有朋は「苔は面白くないから、私は断じて芝生を栽《うえ》る」と芝生を選ぶ。自分の好きなもので、独自の庭園を作ることにこだわった。

美術評論家の黒田天外《くろだてんがい》が「續江湖快心録《ぞくごうこかいしんろく》」（一九〇七年）の中で、一九〇〇年一二月二日、無鄰菴に山縣有朋を訪ねた時の有朋の言葉をこう綴っている。「京都に於る庭園は幽邃《ゆうすい》（※景色などが奥深く静かなこと）といふ事を重きにして、豪壮だとか、雄大だとかいふ趣致《しゅち》（※趣き）が少しもない。いや誰の作だの、小堀遠州じゃのといふたところで、多くは規模の小さい、茶人風の庭であって面白くないから、己は己流儀の庭園を作ることに決した」（※著者注）

岡崎の無鄰菴は、三番目に作られた第三無鄰菴。一つ目は山縣有朋の故郷の山口に作られた茶室。周りに何もない場所に建てられ、お隣が何もないという意味で「無鄰菴」と名付けられた。二つ目は二条高瀬川の角倉了以《すみのくらりょうい》の屋敷だったところ（現在のが

山縣有朋は、苔ではなく芝を好んだ。

んこ高瀬川二条苑）。彼がここを第二無鄰菴として選んだのは、鴨川から水を庭に取り入れられる、という利点からだった。流れる水を好んだ彼らしい場所の選択だ。

そして第三無鄰菴として選ばれたのが、現在の岡崎の土地。ここは一八九〇年（明治二三年）に完成したばかりの琵琶湖疏水がすぐ横にあり、庭にすぐ水を引けるという有朋の理想の土地だった。そこに七代目小川治兵衛という彼の望み通りの庭を作ってくれる庭師も登場し、無鄰菴は彼の理想郷となった。

しかし思いどおりにならないこともあった。芝生のみの庭にしたかったが、元々ここは湿潤な土地。庭完成の五年後には庭に苔が生え始める。これには有朋も諦め、苔も受け入れた。自然の力に寄り添うのも、良いデザイナーの資質なのだ。

❖一二〇年以上愛され続ける四季の美しさ

この庭には、山縣有朋が自ら醍醐の山で見つけたお気に入りの石が三つ、庭園の北側の端、池のはた、そして茶室のすぐ横に据えられている。これらは、豊臣秀吉が大阪城を作る時に切り出した石切場に残されていた石。このうち二つの石には、秀吉の頃の石工が石を割ろうとしてつけた「矢穴《やあな》」と呼ばれる跡が残っている（矢穴とは、石を割る時に楔《くさび》を打つためにつける跡。細長い穴を「矢穴」といい、歯形状のものを「矢《や》跡《あと》」という）。

滝口からの風景。琵琶湖疏水から引いた水が流れ落ちる。

無鄰菴の庭の育成管理をされている植彌《うえや》加藤造園株式会社の加藤友規《かとうともき》社長からこんなお話を伺った。「山縣有朋が黒田天外に矢穴のついた石について「妙じゃないかのう（面白いだろ？）」と言っていますが、この言葉からも山縣さんがこの石をとても気に入っていたことが分かりますね」

加藤社長は、この庭を「名勝指定の庭園」として育成管理することの大切さもお話しくださった。「ただ管理するだけでなく、文献などを調べ、学術的な裏付けをしっかり取り、その中で見つけた物語をどう活かしていくか、その物語をどう庭に取り込むか、考える。それも庭師の仕事です。そして庭の個性をどれだけ発揮して多くの人に味わっていただくか。「保存と活用」のバランスが文化財庭園を未来に繋ぐのです」。そして「でもこれは私達だけが特別なことをしている訳でなく、名勝庭園の育成管理をしていく上での基本中の基本なんです」とニコニコと、とても謙虚に話される。その笑顔や物腰はとても柔らかいが、庭の話になると時々厳しさも覗く。名勝指定の庭を育成管理する責任と自信。加藤社長や庭師の方達の努力が、無鄰菴を唯一無二のものにしている。

ちょうどお話を伺っている時、初老の紳士にお会いした。毎日無鄰菴を訪れ、ここの景色を見るのが日課なのだそうだ。「ここの庭は、それぞれの季節の違いを感じることができてとても良いんです。でも、秋の景色がやっぱり一番好きですね」

山縣有朋が自分の趣味で作った庭が、今や万人に愛される庭になった。庭園内に立つ碑「御賜稚松乃記《おんしちしょうのき》」には、有朋がこの庭を詠んだ歌が刻まれている。この歌には、無鄰菴の四季の移ろいを愛した山縣有朋の気持ちがよく表されている。

「春はあけはなるる山の端の景色はさらなり。夏は川どのにすみわたる月の涼しさ。秋は夕日のはなやかにさして、紅葉のにほひたる。冬は雪をいただける比叡の嶽の窓におちくる心地して、折々のながめいはむかたなし」（春は明け方の山の端の景色がとてもいい。夏は川に澄み渡る月の涼しげな様子。秋は夕日の華やかさに紅葉が匂い立つようだ。冬は雪を抱く比叡山が窓に落ちてくるような心地がする。折々の季節の眺めは格別だ）

山縣有朋が作った新しいスタイルの日本庭園は、一二〇年経った今も、同じ景色が人々から愛されている。有朋もさぞ満足だろう。やっぱり「趣味の庭」は最強なのだ。

1

2

[1] 新緑がまぶしい、
初夏の無鄰菴庭園。

[2] 庭園を小川がゆっくりと流れる。

[3] 秋の無鄰菴、
母屋の二階から見た風景。
東山を借景にした絶景が広がる
(母屋の二階は時間貸しで一般の入場は不可)。

3

京都人のしかけコラム

その六

洛中洛外ヒエラルキー

私の実家は金閣寺のすぐ近くにあった。有名な観光地の近くなので、自分は生粋の京都人だと思っていた。大学に入学した時、同じクラスに中京区の老舗のボン（お坊っちゃんのこと）がいた。お互い自己紹介などしていた時に、どちらのご出身ですか?と聞かれ、自信満々に「金閣寺のすぐ近くです」と答えた。すると彼から返って来た言葉は「あ~洛外やね」。平成の時代に洛中洛外? それって冗談?とびっくりしたが、彼はいたって真面目。「それは不便なところやわ……」と言われたのだった。

中京区の町中に住む彼の意識では、金閣寺は洛外のとんでもない田舎。帰宅して母にそのことを話すと「そりゃ足利義満が別荘を建てた場所だから、中京区の人から見たら僻地も僻地よ」。大学生になって初めて、自分は京都人ではないことに気が付いた。

洛中洛外という概念は、豊臣秀吉が「御土居《おどい》」と呼ばれる土塁を築いたことで出来た。敵からの攻撃と鴨川の氾濫から京都を守る堤防として、一五九一年（天正一九年）に完成。北は鷹ヶ峯、東は鴨川、西は紙屋川、南は九条辺りに築かれた。御土居の外の金閣寺周辺は洛外、という老舗のボンの概念は、一六世紀から続く京都人の価値観を表している。筋金入りなのだ。

京都ではよくある話で、京都人に「京都出身です」と言うと、必ず「京都のどこ？」と聞かれる。ここで洛外、もしくは京都市外の名前を言うと、酷い場合は「あー、それは京都ちゃうね」と真顔で言われる。厳密に言うと、京都出身と言っていいのは洛中＝上京、中京、下京だけなのだ（元々は上京区と下京区だけだったが、途中で中京と下京の二つに分かれた）。

さらに、洛中でも上京vs中京・下京で攻防があるらしい。元々上京は北野天満宮の社領、中京と下京は八坂神社の社領。そして上京は西陣織などの職人が多く、中京・下京はその製品を売る商人の町。職人と商人のお互いのプライドがあり、仲が元々良くないとも言われてきた。

歴史的、文化的なことも絡み、京都ヒエラルキーはなかなか根強い。

GARDEN.17

建仁寺

Kennin-ji

昭和と平成の
名庭を
楽しむ

臨済宗建仁寺派の大本山で、栄西の開山により1202年（建仁2年）に開創。昭和の作庭家・加藤熊吉による「大雄苑《だいおうえん》」、平成の作庭家・北山安夫の監修による「潮音庭《ちょうおんてい》」「○△□《まるさんかくしかく》乃《の》庭《にわ》」と、近代の二時代の名庭を楽しむことができる。

【住　　所】京都府京都市東山区大和大路通四条下ル小松町584
【拝観時間】10時～16時30分（3月1日～10月31日）、
10時～16時（11月1日～2月28日）
【Address】584,Komatsu-cho,Yamatoojidorishijyo-sagaru,
Higashiyama-ku,Kyoto-shi,Kyoto-fu

❖二時代の天才作庭家の庭が見られる寺

建仁寺《けんにんじ》には、昭和の名作庭家・加藤熊吉が作った方丈庭園「大雄苑《だいおうえん》」と、平成の名作庭家・北山安夫《きたやまやすお》氏が監修した「潮音庭《ちょうおんてい》」「○△□乃庭《まるさんかくしかくのにわ》」がある。昭和と平成の天才作庭家が作った庭園を同じ場所で見ることができるとはなんて贅沢なんだろう、と訪れる度に思う。それぞれまったく趣きの違う庭だが、どの庭もその空間にすっと馴染んでいる。まるで何百年もそこの場所にあったかのようだ。

建仁寺は、一九三四年の室戸台風によって建物が倒壊。六年後に再建されたが、この時、方丈前に大雄苑が作られた。大雄苑を手掛けた加藤熊吉は茶庭や造園を手掛ける「植熊」の三代目で、明治から昭和の時代に活躍した庭師。「瓢亭《ひょうてい》」や「美濃幸《みのこう》」といった料亭の庭園も多く作庭している。

大雄苑はその名前の通り雄大な庭園で、広々とした大海原を表す。ここは「七五三」の庭になっていて、景石が七個、五個、三個のグループ、計一五個据えられている。七五三という奇数は、日本では古来から縁起の良い数字。子供の成長を願うお祝いも、この縁起の良い年齢の時に行われる。

大雄苑の庭園は、白川砂の美しい砂紋、景石、苔、馬酔木、樹形が見事な赤松など、シンプルに構成されている。臨済宗建仁寺派の大本山に相応しい、凛として上品な庭

昭和の名作庭家・加藤熊吉による大雄苑。

だ。景石と砂紋の存在感も圧倒的で、方丈の広縁に座って見る景色は清々しい。京都の祇園の真ん中にいるとは思えない、広々とした空間と静けさだ。

❖かつての十三重の塔が七重の塔に

実は、この庭で長年気になっているものがあった。西南の隅に置かれた七重の層塔。これは織田有楽斎《おだうらくさい》が兄の織田信長を弔うために建立したもので、フォーカルポイントとして庭に奥行きを与えている。

層塔とは屋根（笠）が何層にも重なった塔のことで、屋根の数は必ず奇数。普通はスラリとしたデザインで、全体的なバランスを考えて作られる。

しかしこの層塔は、屋根の大きさと高さのバランスがあまり合っていない。高さが低過ぎるのだ。織田有楽斎は茶を嗜み、趣味人として知られた人物。いろいろな庭を見ていると、よく「織田有楽斎好みの層塔」と伝えられるものに出会う。東京の椿山荘にも織田有楽斎由縁の十三重の塔があるが、美しくスラリとしたデザインだ。そんな彼が、大切な兄の供養塔にわざわざ不恰好なものを選ぶだろうか？と長い間疑問だった。

先日、ついにその疑問が解決する時が来た。建仁寺の浅野俊道《あさのしゅんどう》和尚にお話を伺う機会をいただき、長年の疑問だった層塔についてお聞きしてみたのだ。すると想像していた以上に驚きの答えが返ってきた。

この層塔、最初は十三重の塔だったらしい。しかし徳川の時代に入り、織田信長を弔うためのものを置くのは問題があると、土の中に埋めて隠した。そして二六〇年の時が経過し、徳川の時代が終わり、明治になった時、再び土の中から掘り返した。すると笠の何枚かが割れており、無事だったものを組み合わせて作ったら七重の塔になった、ということだった。大正になってこの場所に移したそうだ。

バランスが悪いのはそのせいだったのか、と長年のモヤモヤが晴れ、スッキリとした気持ちでお庭を眺めることができた。もちろん資料として残っているわけではないが、層塔を土の中から掘り返した、そんなエピソードを聞くと庭を眺めることが更に楽しくなる。

❖宇宙の根源的な形態を表す「〇△□」

本坊に作られた北山安夫監修の「潮音庭」は、四方どこからでも眺められる庭。中央に据えられているのは、美しい三尊石。この三尊石の中心に向かって、周りの景石がまるで渦潮が円を描くように、くるりと据えられている。

三尊石は普通一方向から眺めるものだが、ここでは四方から眺めるので、景石がどの方向から見ても美しく見えるよう、円を描くよう据えられているのだ。「潮音庭」

西南の隅にある七重の塔は、元々十三重の塔だった。

という名前もここから来ている。

北山安夫氏のお話によると、このデザインは三重県津市にある北畠氏館跡庭園からヒントを得たそうだ。ここで使われている石はすべて北山氏が自ら山に入り、探してきたもの。山の中で自然に風化したこの石は、色調も形もとても美しく、苔の中で仏様のように輝いて見える。三尊石を取り囲むように植栽された楓とドウダンツツジ越しに見ると、ますます石が映える。

同じく本坊の坪庭に作られた「○△□乃庭」も北山安夫氏によるもの。小さな空間に、丸い形の苔の部分と椿の木、白川砂、そして井戸があるのみだ。○△□という三つの図形は、宇宙の根源的な形態を表したもの。禅宗の四大思想（地水火風）を地（□）水（○）火（△）で象徴している。ここでは□は井戸、○は苔の部分と椿、△は白砂で形取られている。四大思想の風が足りていないのでは？と思われるかもしれないが、風は庭に吹き抜けるから、わざわざ作らなくてもいいのだ。浅野和尚さんによると、この椿の木と潮音庭の三尊石の石は直線上に配置されているそうだ。北山氏の粋な遊び心が、庭に散りばめられている。

❖エンターテイメントが詰まった庭園と絵画の美術館

建仁寺では、庭園の他にも多くの素晴らしい芸術作品を見ることができる。方丈の

○△□乃庭。○を表す苔に椿の花が落ちる。

間の襖絵は、安土桃山時代から江戸時代にかけて活躍した絵師、海北友松《かいほうゆうしょう》によるもの（複製展示）。海北友松は僧侶の安国寺恵瓊《えけい》と親しく、一五九九年（慶長四年）に安国寺の方丈を建仁寺の本坊方丈として移建する際、内部装飾の制作を依頼された。彼が描く睨みの利いた龍の絵は、どこかユーモラスだ。

そして法堂《はっとう》の天井には、二〇〇二年の建仁寺創建八〇〇年を記念して制作された、小泉淳作《こいずみじゅんさく》による「双龍の図」が描かれている。あうんの表情を見せるこの平成の龍も、睨みを利かしているのだがどこかユーモラス。二匹の龍が対峙する姿を描いたこの絵は大パノラマで描かれ、すごい迫力だ。そして鬼気迫るものがある。大きな作品なのでアトリエでは描けず、廃校になった小学校の体育館を借りて制作したそうだ。

禅寺の法堂の天井によく龍が描かれるのは、龍神は水を司る神様なので、水のものを描いて建物を火災から守る、という願いから。そしてもう一つは、「龍が法の雨（仏法の教え）を降らす」という意味もある。龍はビジュアル的にカッコイイだけでなく、禅寺では大事な意味や役割を担っている。

建仁寺は庭園と絵画の美術館だ。ここには沢山のエンターテイメントが詰まっている。祇園で建仁寺のアートの世界を楽しんでこそ真の京都通。舞妓さんと抹茶スイーツだけじゃない世界がきっと見えてくる。

1

2

[1] 紅葉の潮音庭。
三尊石が美しい。

[2] 白川砂の砂紋が
雄大な大雄苑。

[3] 春、建仁寺に
桜の季節が訪れる。

3

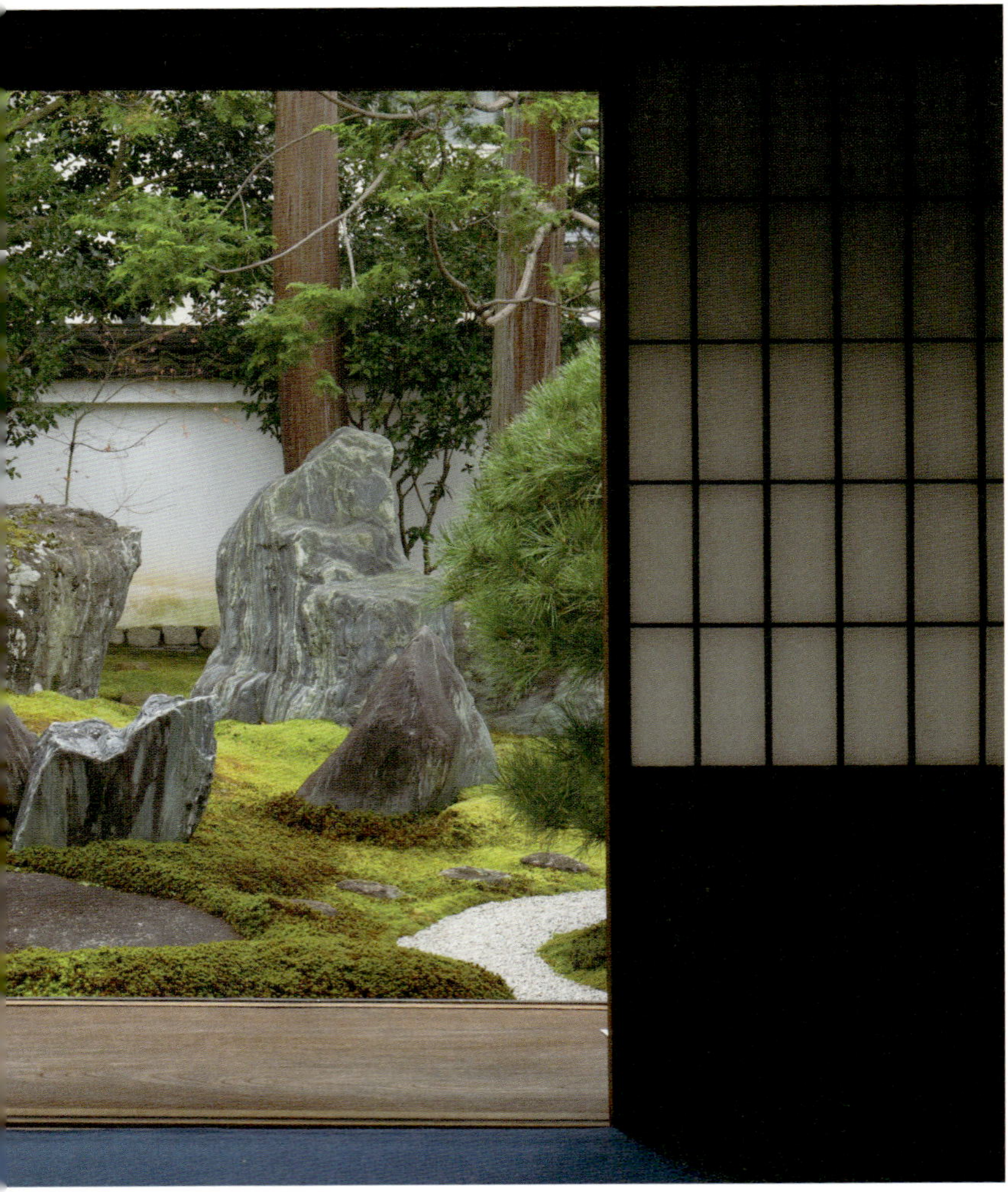

GARDEN.18

名作庭家が
自邸に
しかけた石庭

重森三玲
庭園美術館

Mirei Shigemori Garden Museum

昭和を代表する作庭家・重森三玲の旧宅の東側・書院庭園部が「重森三玲庭園美術館」として一般に公開されている。青石を使った石組や州浜の曲線など、重森三玲ならではの庭園デザインを堪能することができる。

【住　　所】京都府京都市左京区吉田上大路町34
【開館時間】11時～、14時～（月曜休館。予約申込制の見学。予約は電話075-761-8776にて受付）
【Address】34,Kamioji-cho,Yoshida,Sakyo-ku, Kyoto-shi,Kyoto-fu

❖重森三玲の書家としての一面

最近お茶を習い始めた。お茶を習うきっかけは、茶庭のことをもっと知りたかったからだった。お茶の作法を知らなければ、茶庭の作り方も見方も分からない、そう思って習い始めたのだが、これがとても楽しい。

お茶には日本文化の美意識が詰まっている。掛軸、いけばな、お道具、お茶、お菓子、お点前、設え……すべてのことに日本の文化や伝統、四季、様式美が表現されている。そして何よりも相手のことを想い、気遣う心がお作法の中に込められている。

先生からはお点前以外にも、掛軸に書かれている言葉の意味や、設えの意味を教わり、時には仕事の悩みや人生相談にも乗ってもらう。どんなに忙しくてもお茶のお稽古に行くと、気持ちが和らぎ、ニュートラルになる。そして常に、日本文化に触れる喜びがある。お茶のお稽古は、私にとって感受性を高める訓練なのかもしれない。

ある時お稽古で掛かっていた掛軸に「無色」とあった。とても薄い墨の色で書かれている。先生に意味をお尋ねすると、「これは重森三玲先生に書をお願いしたところ、皆さんのものを全部お書きになった最後に、筆に残った墨に水を含ませて書かれたものだそうです。無色《むしき》、と読みますが、最後に残った墨だからこそ書ける、美しい書ですね」

私はその時大きな感銘を受けた。色無くする書を書ける重森三玲という芸術家と、その書を大切にされている先生。二人を取り巻くすべてが、なんて美しい価値観なのだろうかと思った。

人は色を付けることにとかく気を取られがちだ。他の人とは違う色（個性）を身に付けなければ、世の中生きていけないと思い込んでいた私は、この時ふっと肩の力が抜けた。「無色」が生み出す美しさ。残りの墨で書かれた書の美しさ。そんな表現美があるのか、と呆然とその掛軸を見つめた。無理に事を進めようとすると、自分に無理が生じてくる。だんだんしんどくなってくる。そんな時はこの書を思い出すようにしている。無理にしなくても、無色でいいのだ。

今まで作庭家としてしか知らなかった重森三玲の、書家としての一面。この素晴らしい書に出会わせてくれたお茶の先生に心から感謝した。

❖州浜に表れた唯一無二の線

重森《しげもり》三玲《みれい》庭園《ていえん》美術館《びじゅつかん》は重森三玲の元自邸だったところ。吉田神社の神官の旧邸を、一九四三年に重森三玲が譲り受けた。書院は一七八九年（寛政元年）の江戸時代の建物と伝わり、大変貴重な建築になっている。

書院前の庭園は、中央に蓬莱島、東西に方丈、瀛州《えいしゅう》、壺梁《こりょう》を配した枯山水庭園。蓬莱島とは、中国の伝説で不老不死の仙人が住むと信じられていた島。東福寺の南庭も同じテーマだが、表現方法がまったく違う。この蓬莱島の鶴石組は三尊《さんぞん》石組《いわぐみ》の手法で作られ、迫力がある。書院の中から庭を見ると青石が映えて、江戸時代の建築と美しい調和を見せる。

重森三玲はこの書院前の庭を三回ほどやり替えている。最初の二回はクレーンなどの重機が庭の中に入らなかったので、手で持ち運びできるサイズの石を使って作庭した。しかし一九七〇年、外の表通りにクレーンを設置し、徳島の青石を二五個ほど運び入れて、作業を行った。こうして今の庭園の姿になった。

重森三玲庭園美術館の館長であり、三玲のお孫さんである重森三明氏は、こう語る。

「重森三玲は石を据える場所を決めたら、迷わない人でした。石を選ぶ時にすでにそれぞれの配置が決まっていて、現場では迷わずに石を据えていく。最後は石の傾き加減など、石の姿を完璧に見せる微調節です」

他の庭師さんからも聞いたことがある。本当に優れた庭師は、石を選ぶ時にすでに設計図が頭の中で出来上がっていて、現場ではその通り据えていく。その場で考えながら据えることは有り得ないそうだ。日本の庭師の凄さはこういった揺るぎない、自分の中の美意識の軸なのかもしれない。

庭の奥には一九六九年に重森三玲自ら設計した茶室「好刻庵《こうこくあん》」が建つ。書院前から

書院前の庭園にある蓬莱島の鶴石組。青石が映える。

この茶室への州浜のデザインがとても美しい。目地が赤いモルタルになっていて、赤茶色の丹波鞍馬石とのコントラストがモダンでカッコイイのだ。この州浜のデザインは三玲自身も気に入っていたようで、石を変えたり、目地の深さや色、幅を変えてさまざまな場所で使用している。

松尾大社の「曲水の庭」の州浜のデザインは目地が白、高野山の宿坊・福智院のデザインは目地は同じ赤だが、青やグレーの石が使われている。州浜のデザインを追うだけでとても楽しい。この州浜の曲線は重森三玲にしかデザインできない、特別な曲線だ。どんなに真似をしても、その美しいラインは出せない。重森三玲のデザインは常に唯一無二だ。

❖妻の鶴の一声で植えられた桜

驚くことに、重森三玲は花が咲き乱れる植木を好まなかったそうだ。三明氏のお話はとても興味深い。「三玲は庭の景色を桜やモミジに頼りたくなかったようで、花の咲く木を植えるのはあまり良しとしませんでした。サツキやツツジを庭で使っているのも刈り込みに耐え得る植物だから。一度どこかの庭の写真撮影があった時、黄色の花が咲いていましたが、自ら花を切り落としたあとに、撮影することを頼んだそうです」

書院前から茶室へ向かう州浜。うねるような曲線が独特のリズムを生む。

しかしここの庭には桜の木が植えられている。「これは祖母（三玲の妻）が、桜を植えたらどうか？と提案したので植えられました。自分からは絶対植えなかった人です。三玲の夫人は豪傑で、ゴッドマザーのようでした」。三明氏はそう言って微笑まれた。重森三玲の人間らしい一面が垣間見える、素敵なエピソードだ。

重森三玲の三男・重森執氏監修の「重森三玲　モダン枯山水」には、重森三玲とこの家とのエピソードが綴ってある。「三玲は、本邸を譲り受けた当時、『この家に私が惚れ、家も私に惚れてくれた』と感じたという。そして修繕を度々行い、建立当時の屋敷の姿が損なわれぬように改修、増築を行い、慈しんだ。手をかけた理想の住まいに、旅先から帰ってきたときの三玲の口癖は、『自分の家ほどいいものはない』であった」

「家が惚れてくれた」とは素敵な言葉だ。家が人を選ぶ、というのは本当かもしれない。この家が、自分を大切にしてくれる芸術家を探し出したのかもしれない。

家に惚れられ、そこに自分が設計した茶室と庭を作る。なんて素晴らしい人生なのだろうか。「無色」という境地を知っていた三玲だからこそ、作ることができた世界なのかもしれない。私もお茶のお稽古に精進し、庭の仕事に携わることで、少しでも多くそんな世界を見られるようになりたいものだ。

庭にはダイナミックな石組が広がる。庭中央の平石は遥拝石。

1

2

[1] 書院は江戸時代中期のもの。
吉田神社の社家の遺構。

[2] 重森三玲のデザインによる
美しい洲浜。

[3] 入口の門から見た庭の眺め。
三玲が作庭した時は、
庭の中心に枝垂れの赤松があった。

3

その三

町家四川 星月夜《ほしつきよ》

坪庭のある本格的四川料理の店

京都の風情が残る町家を改装した四川料理のお店、星月夜。ここでは、本格的な四川料理を落ち着いた空間で楽しめる。東京の名店で修行したシェフが作る四川料理は、洗練されていてスタイリッシュ。京野菜をふんだんに使った、辛味の中に味わいのある料理をいただける。

名物の麻婆豆腐は山椒が効いたピリリとした味で、一口食べると病みつきになる。辛味の中に滋味深さがある一品。お魚やお肉などさまざまな素材を、まったく違った味付けで楽しめるコースも良い。ランチもリーズナブルでかなりお得。早めの予約がおすすめ。

このお店のもう一つのおすすめは、坪庭。元々あったお庭を活かして、灯籠や石が据えられたシンプルな空間。ここには京都の名石の一つ「紅加茂石《べにかもいし》」、別名「肉石」が置かれている。赤石に白い筋が入った石で、生肉そっくり。珍しい石なのでぜひ見て欲しい。

町家四川　星月夜

【住　所】京都府京都市下京区油小路通仏光寺上ル風早町582
【電　話】075-341-2510
【営業時間】昼 11時30分～14時30分（ラストオーダー14時）
夜 17時～22時（ラストオーダー21時）
火曜定休（その他不定休日あり）
【U R L】http://hoshitsukiyo.kyoto/

その四

串揚げ　万年青《おもと》

季節の味覚を串揚げで堪能

大徳寺や表千家や裏千家の近く、京都上京の大宮通にある串揚げ専門店、万年青。ここはカジュアルな空間で、オーガニックや地元の素材を使った串揚げを楽しめるお店。女性も入りやすいお洒落な店内で、インテリアやお皿も可愛い。

素材の良さには定評があり、目の前すぐの揚げたてがいただける。近江牛や鹿児島の黒豚、旬の魚の他に、ジビエ、胡麻豆腐など、その日の串の種類は二五種を超える。串揚げというとこってりしたイメージがあるが、このお店はたくさん食べてもまったく胃にもたれない優しい味。コースには途中箸休めのお料理が入り、ご飯、出汁の旨味たっぷりの汁物、デザートまで大満足できる。若いご夫婦の気遣いがとても嬉しい。

毎月二五日開催の万年青のオモテ市（一二時～夕方）は、安全な食材や美味しいお野菜、店主の出身地・高知より干物や天然酵母石窯パンなどが並ぶ。美味しいお店には、美味しいものとそれを愛する人が集まる。

串揚げ　万年青

【住　所】京都府京都市上京区筋違橋町554-2
【電　話】075-411-4439
【営業時間】昼 平日のみの完全予約制
夜 18時～21時30分（入店）
月曜定休
（祝日の場合は営業、翌日休み。月1回不定休日あり）
【ＵＲＬ】http://omoto2013.com/

GARDEN.19

白龍園

Hakuryu-en

神のいる
場所に
作られた庭

京都・ニノ瀬で昔から霊域とされていた安養寺山（つつじ山）一帯を、1962年、アパレル会社・青野株式会社の創業者である故・青《あお》野《の》正一《しょういち》氏が購入。自ら整地・施工し1963年、白髭大神と八大龍王を祀る祠と大鳥居を建て白龍園とした。現在、春と秋に限定公開されている。

【住　　所】京都府京都市左京区鞍馬二ノ瀬町106
【開園時間】10時～12時30分（春・秋に1日100人限定で特別公開。チケットは叡山電鉄の出町柳駅のみで販売。その他に、白龍園ウェブサイト http://hakuryuen.com にて事前予約の募集を行う特別予約観覧あり）
【Address】106,Ninose-cho,Kurama,Sakyo-ku,Kyoto-shi,Kyoto-fu

❖庭を通じて触れる自然の神性

「車輪の下」で知られる、ドイツの詩人で作家のヘルマン・ヘッセ（一八七七〜一九六二年）。一九四六年にノーベル文学賞を受賞した偉大な文学者だが、彼は「危機の詩人」と呼ばれ、精神病に苦しみながらも自己のアイデンティティを求めた人だった。

そんな彼が愛し、心の拠りどころにしていたのが「庭仕事」だった。庭や植物に関する彼の作品をまとめた「庭仕事の愉しみ」という本には、彼がガーデニングを通して見た自然の美しさや摂理、そして穏やかな日常が綴られている。彼は庭のある生活をこう述べる。

「その生活は、精神的でも英雄的でもないけれど、まるで失われた故郷のように、あらゆる精神的な人間とあらゆる英雄的な人間の心をその本性の核心でひきつける。なぜなら、それは最古の、最も長く存続する、最も素朴で最も敬虔な人間の生活だからである。つまり土地を耕作する者の生活、勤勉と労苦にみちてはいるけれど、性急さがなく、本来憂慮というもののない生活なのだ。なぜならば、その生活の根底をなすものは、信仰であり、大地、水、空気、四季の神性に対する、植物と動物の諸力に対する信頼だからである」

この文章を読んだ時、私の心に思い浮かぶ庭園があった。それは二ノ瀬の山中にあ

二ノ瀬の山が借景となった秋の白龍園。

る白龍園《はくりゅうえん》。ここも、大地、水、空気、四季の神性や信仰を感じる場所だ。

白龍園に流れている空気は特別だ。いつ来ても清涼で、澄んでいる。そして二ノ瀬の山を借景にした風景は本当に美しい。春は、桜やミツバツツジ、猩猩袴《しょうじょうばかま》の花々が咲き、ピンクの濃淡が庭を彩る。桃源郷という言葉がぴったりだ。初夏の青もみじは生き生きとして、植物の生命力や光の眩しさに心が躍る。秋は真っ赤に色付いた大楓の紅葉を見るだけで、心満たされる。冬は一面の雪景色に、静かに春を待つ木々の姿が美しい。

❖白蛇の姿で現れた神様

白龍園の歴史は、京都の老舗アパレル会社・青野株式会社の初代社長、故・青野《あおの》正《しょう》一《いち》氏が一九六二年に二ノ瀬の山を購入するところから始まる。売却に困っていた当時の持ち主に請われ、人助けと思い、雑木林と笹に覆われたこの山を購入。地元の人から「えらいもん（とんでもないもの）を買わはりましたな」と言われたほど、荒れた土地だった。しかし山の中に入ってみると、一〇〇年以上も放置された祭祀の痕跡が見つかった。すでに息子さんに会社を譲って引退していた青野氏は、神の啓示でも受けたかのようにこの場所に祠《ほこら》を建立し、神社を復興することを決心する。

一九六三年に神社が完成。「白髭大神」という不老不死の神様と、「八大龍王」とい

敷き詰められた苔に桜の花びらが散る。

う商売繁盛の神様をお祀りし、両方の神様から名前を取って「白龍園」と名付けた。

　神社復興後も青野氏は精力的に庭園の造営を行った。雨が降っても毎日現場を訪れ、庭づくりを行う。驚くことに造園会社の力は一つも借りていない。すべて青野氏と社員の手で山を切り開き、整地し、植栽を行っている。重機が運び入れられなかったため石は人力で運び、石垣、階段、延段を作った。東屋も青野氏の設計、手づくりだ。

　一番最初からここの庭づくりに携わっている水相《みずあい》敏孝《としたか》さんは、七九歳の今も現役の庭師として五〇年以上、白龍園を守っておられる。水相さんは「先代（青野正一氏のこと）はまるで何かに取り憑かれたように、毎日庭づくりをされていました」と語る。

　それまでアパレル会社の社長だった人が、急に庭づくりを始めた理由ははっきり分からない。現在のオーナー、青野正一氏のお孫さんの青野《あおの》雅行《まさゆき》社長は「すべては信仰心からだったんだと思います」と語る。「祖父は特別な宗教を信じていたわけではありませんが、白龍園の神様はとても大事にしていました。一度庭に白蛇が出た時に、祖父が追い払おうとして石を投げたところ蛇に当たりました。そうしたらまったく同じ時間に、公園で私の兄が友達から石を投げられて怪我をしたんです。それを祖父は自分の責任のように感じて、反省していたそうです」

❖人々の心が庭の美を作る

清涼な空気と水が流れ、神聖さを感じさせる白龍園。

ここの苔は本当に美しい。今も七人の庭師さんが手で雑草を抜き、落ち葉も手で拾っておられる。その丹精込めたお手入れのお陰で、ここの苔はいつもキラキラと輝いている。そして山に生える山野草も大切にしておられる。珍しいものはヒカゲノカズラという多年草のシダ植物。地表に沿ってどんどん伸びる植物で、茎を切っても緑色が失われないので、昔から縁起の良い植物として祭儀などで使われた。天照大神が天岩戸に閉じこもった時、踊りを舞ったアメノウズメはこの植物を素肌にまとったとされている。お茶の初釜の時に、三メートルほどもある長いヒカゲノカズラが床の間に飾られることもある。

また高《こう》野《や》箒《ぼうき》というキク科の低木は、高野山で枝を束ねてほうきとして使われていた植物。空海の教えで、高野山では僧侶がお金儲けをしないように果樹や竹の栽培が禁じられていた。そこで、竹の代わりにこの高野箒が使われていた。山野草を知ると、日本人に長く慈しまれてきた植物の歴史が分かる。ここではそんな植物が沢山見られるので、とても楽しい。

東屋から眺める額縁の景色も良い。白龍園では借景の景色を大切にするため、塀などを作っていない。背景の山々の景色も庭に取り込まれ、年中美しい景色が広がる。

青野社長をはじめ、水相さん、庭師さん達、お茶屋で働くスタッフの方々、ここで働いておられる人はいい方ばかりだ。長く勤めておられる方も多い。この白龍園を

園内の東屋・福寿亭から見た白龍園。二ノ瀬の山並みの借景が景色に彩りを与える。

守っていくことに、皆さんが誇りを持っておられる。水相さんは今も故青野正一氏のことをこう話される。「私は先代にとてもお世話になりました。可愛がってもらい、沢山のご恩を受けた。だから先代の想いが詰まったこの庭を大切にしていきたい。沢山の人に訪れてもらって、先代もきっと喜んでおられると思います。ほんまおおきに」。そして水相さんは、くしゃっと人懐っこい笑顔を浮かべる。

青野社長も、「ここを公開した理由の一つは、長年この白龍園を守り、綺麗にしてくれている水相さんへの感謝の気持ちからです。水相さんが生涯かけてやってきはったことの発表の場やと思ってます」と優しい笑顔で話される。心の美しい人が、美しい場所を作れるのだ。

ヘルマン・ヘッセは一九五五年、友達に宛てた手紙の中でこう書いている。「土と植物を相手にする仕事は、瞑想するのと同じように、魂を解放し、休養させてくれます」。青野正一氏も、きっと同じような気持ちで白龍園の庭づくりに没頭したのではないだろうか。ここに来ると魂が解放され、瞑想するような静かな気持ちになれる。ゆっくり深呼吸すると、澄んだ空気で心が満たされる。

そして美しい景色を見て、こう想う。ここは神様に守られた場所なのだ――。

[1] 春の白龍園。
左手に見えるのは
青野正一氏遺愛の七重塔。

[2] 冬の白龍園。
庭園に誘う延段の石の雪が溶け、
モザイク画のよう。

[3] 鶯亭から望む秋の白龍園。
紅葉が錦色に色づく。

GARDEN.20

石が
伝える
徳川家の威光

二条城 二の丸庭園

Ninomaru-Garden, Nijo-castle

1603年（慶長8年）、徳川家康が上洛時の拠点として二の丸御殿を造営。今は主要な建物しか残っておらず、本丸御殿も現在のものは明治時代に移築された。二の丸御殿大広間と黒書院の「謁見の間」から眺める庭として作られたのが二の丸庭園で、壮麗さが徳川家の権威を偲ばせる。

【住　　所】京都府京都市中京区二条通堀川西入二条城町541
【開城時間】8時45分～16時（17時閉城）
【Address】541,Nijojo-cho,Horikawanishi-iru,
Nijodori,Nakagyo-ku, Kyoto-shi,Kyoto-fu

❖大人の感性で日本庭園を再発見する

歳を重ねて分かる美しさがある。若い時には気付かなかったことが、何年か経て再び見た時に、とても素晴らしいものであることに気付く。

私にとってそれは日本庭園だった。生まれ育った家には枯山水庭園があり、手水鉢や雪見灯籠、そしてドウダンツツジや形のいい松が植えてあった。青灰色の沓脱石《くつぬぎいし》から飛石を降りて行くと枯池があり、艶々した黒い小石が敷き詰められていた。その小石を拾って遊んだり、おままごとの時は手水鉢が台所、雪見灯籠は冷蔵庫代わりだった。庭には赤石や大きな石が据えてあり、その石に登って、滑り台のように滑り降りるのが好きだった。子供の時の石や灯籠で遊んだ記憶が、大人になって私を石好きにさせたのかもしれない。

しかし、若い頃はずっと西洋庭園を勉強したいと思っていた。淡路島の園芸学校に二年間行った後、カナダとイギリスに留学して三年間勉強した。厳しい学校だったので徹底的に植物の育て方、西洋庭園のデザイン、維持管理の方法を学び、植物の名前もすべて学名のラテン語で覚えた。人生で一番勉強し、西洋庭園に触れた三年間だった。

しかしそんな留学中にぼんやりと心に浮かぶのは、鴨川の流れや比叡山の景色、そして日本庭園の景色だった。お寺に行って庭を眺めながらゆっくりしたい、と思っている自分にビックリした。日本庭園が懐しくなるとは夢にも思っていなかった。

物事は少し離れた方がよく見えることがある。外からのものと比較した時に見えてくることもある。一度海外に出たからこそ分かった、自国の文化の美しさ。ちょうど、自分の年齢もそれを理解する歳になっていたのかもしれない。やっと日本庭園の文化が他に類のないものであり、自分のルーツになっていることに気が付いた。

二条城は、一八六七年（慶応三年）一〇月に大政奉還が行われた場所として知られている。多分、誰もが修学旅行で訪れたことがある場所だろう。でもその時は、庭園があることすら気が付かなかったと思う。ここの庭園にご一緒した方が、「歳を重ねるって素晴らしいですね。昔修学旅行で来ましたが、大人になってから訪れると庭や石の美しさが分かるようになりました」と話してくださった。日本庭園は、大人の感性で見るとまったく違って見える。歳を重ねた方が感受性は高くなるのかもしれない。

二条城の二の丸御殿は、一六〇二年から一六〇三年（慶長七〜八年）、京都にまだ残る豊臣派の勢力と西国の大名を見張る拠点として徳川家康によって造営された。

二の丸御殿の大広間と黒書院はいわゆる「謁見《えっけん》の間」。ここから眺める景色として二の丸庭園は作られた。そのため、この庭は将軍に謁見に来た人に徳川家の権威を見せつけるような、雄大で絢爛豪華なデザインになっている。池の中央には蓬莱島、亀島、鶴島を表す三つの島があり、そこに四つの橋が架けられている。鶴亀は「鶴は千年、亀は万年」と言われるように、長寿のシンボル。そして蓬莱は、不老不死の仙人が住むと言われている場所。大変おめでたい、徳川家の永劫を表した庭なのだ。

また、庭には紀州や四国産の青石や賀茂川の石などさまざまな形や色のものがふんだんに使われ、立てられた石はフォーカルポイントとして目を引く。造営された時は当時あった天守閣が庭の借景としてそびえ立ち、さぞかし美しかっただろうと思う。

❖珍しい植物を楽しめる大人のアミューズメントパーク

一六二六年（寛永三年）徳川家光の時代、後水尾天皇の行幸のためここの庭は改修されている。二の丸御殿から池をはさんだ対岸に、行幸《ぎょうこう》御殿《ごてん》、中宮御殿、池に張り出した御亭（釣殿）（以上の建物はすべて現存せず）が建てられ、そこから見た景色を小堀遠州が改修した。

対岸側は現在非公開のエリアだが、ここから二の丸庭園を眺めると景色が一変する。二の丸御殿側の庭が、青や灰色の大きな石や立石が多く使われ雄々しい男性的なイメージなのに対し、行幸御殿側はさらに大きく立派な石を配しながらも上品さを失わない、公家的で柔らかい女性的なイメージ。小堀遠州は三分の二もの石の配置をやり直し、一つの庭を二重構造にするという凝ったしかけにした。石の使い方一つで見る

二の丸御殿から正面にある、青石が使われた滝石組。

角度によって雰囲気が一八〇度変わる庭を作るとは、さすが小堀遠州だ。特別なイベント時や一口城主募金に協力すると、抽選で行幸御殿側から庭を見ることができるそうだ。

記録によると、二の丸庭園には後水尾天皇の行幸に合わせて、鍋島藩の鍋島勝茂《なべしまかつしげ》から寄進された蘇鉄が植えられていた。日本での自生北限が鹿児島県の蘇鉄は、当時珍しい植物として希少価値が高く、権威の象徴として大名庭園などによく植えられた。桂離宮の蘇鉄山も有名で、こちらは薩摩島津家からの寄進。蘇鉄は九州の大名からの特別な献上品だった。

今二の丸庭園にある蘇鉄は、一五代将軍徳川慶喜の時代に植栽されたもの。二条城の蘇鉄は一二月になると「コモ（菰）巻き」をする。これは、南国の植物の蘇鉄を冬の霜や雪から守るためのもの。特に、二条城のコモ巻きは昔からの伝統的な「傘巻き」と呼ばれるもので、見た目が華やかで可愛らしい。最近は昔に比べて冬が暖かいのでコモ巻きをする必要もなくなってきたが、二条城では日本の伝統文化を紹介するために、毎年職員さん達によって行われている。

二条城には本丸御殿とその庭園もあるが、造営当時の面影を残すものはなく、資料も残っていない。今ある庭園は一八九五年（明治二八年）の明治天皇の行幸に合わせて作られた芝生の庭で、明治天皇が芝生を植えるように指示したそうだ。

一二月、本格的な冬の到来に備えて蘇鉄のコモ（菰）巻きをする職員。

現在の本丸御殿は、京都御苑の中にあった桂宮家の御殿を一八九三年（明治二六年）から翌年にかけて移築したもの。皇女・和宮《かずのみや》は一四代将軍・徳川家茂《とくがわいえもち》に嫁ぐ前、一年八ヶ月この御殿に住んでいた。本丸御殿は入母屋造で格式が高く、庇部分は緩やかなカーブを描く「むくり屋根」になっている。むくりは日本独自のデザインで、威厳を表す「反り屋根」に対して低姿勢を表し、工商人の町家に好まれた。丸みを帯びた美しいデザインが公家にも好まれ、桂離宮の古書院もむくり屋根になっている。

二条城には、一九六五年に作られた清流園という新しい庭園もある。角倉了以の屋敷跡にあった庭石八〇〇個、全国から寄せられた銘石三〇〇個を使い、中根金作が中心になって作られた。清流園の近くには、「枝垂れエンジュ」という珍しい木が植えられている。七～八月、白い花を付けるエンジュの枝が雨のように枝垂れて美しい。

庭園の案内をしていただいた管理係長の三宅順一《みやけじゅんいち》氏が「二条城は庭だけでなく、アミューズメントパークとしての役割も担っています。ベンチを増やしたり、イチョウの落ち葉をわざと残してカーペットのような景観を作ったり、皆さんに楽しんでいただけるさまざまな工夫をしています」と教えてくださった。

二条城は明治以降、皇室の二条離宮となったが、徳川幕府の威光は今も建物や庭に残る。二条城は徳川政権の栄枯盛衰を知ることができる場所。そして珍しい植物や美しい庭も楽しめる、大人のためのアミューズメントパークなのだ。

1

2

[1] 二条城の春。
石垣とソメイヨシノ。

[2] 銘石が並ぶ昭和の庭、
清流園に秋が訪れる。

GARDEN.21

大徳寺
聚光院

Daitoku-ji Jyuko-in

千利休の
息吹を
感じる庭

1566年（永禄9年）、河内の戦国武将・三好義継《みよしよしつぐ》が養父・三好長慶《みよしながよし》の菩提を弔うために建立した臨済宗大徳寺の塔頭寺院。千利休の菩提寺であり、侘茶の聖地とも呼ばれる。庭園「百積《ひゃくせき》の庭」は千利休の作と言われ、他の枯山水庭園にはない独自の魅力を持つ。

【住　　所】京都府京都市北区紫野大徳寺町58
【拝観時間】一般非公開
【Address】58,Daitokuji-cho,Murasakino,Kita-ku,
Kyoto-shi,Kyoto-fu

❖祖母に捧げた一服の茶

母方の祖母はお茶と書道の先生だった。大正五年生まれの彼女は、一〇一歳で天寿を全うした。朗子《あきこ》という名前がぴったりの、朗らかで、明るく、いつもお洒落で、華やかな人だった。実は彼女のことをおばあちゃんと呼んだことがない。あーちゃんというあだ名で呼んでいた。

お出掛けの時は、いつも着物かドレス。昔見せてもらった古い写真で、周りの人達がモンペを穿いている中、あーちゃん一人女優のキャサリン・ヘップバーンが着ているようなサファリスーツにハイヒールだったのでびっくりした。

戦後は家を進駐軍に接収され、さらに旦那さんが四〇代でパーキンソン病を患う。亡くなるまでの八年間の介護生活はさぞかし辛かったと思うが、あーちゃんから愚痴や辛かった話を一切聞いたことがない。いつもおーちゃん（旦那さんのこと）との面白いエピソードを話してくれた。そんな強さも持ち合わせたあーちゃんは、私の憧れだった。

一度カナダの園芸学校の同級生達が日本を訪れた時、本格的なお茶の体験をしてみたい、と言うのであーちゃんに相談した。するとあーちゃんは裏千家に頼んで、普通ならまず入れないであろう今日庵でのお茶体験をさせてくれた。特別な場所での経験にみんな大喜び。この御恩を一生忘れないようにしよう、と思ったほど嬉しかった。
あーちゃんが亡くなる少し前、庭についての本を書こうと思っていることを話したら、一言、「おきばりやす」とニッコリ笑ってくれた。結局それが最後の言葉だったのだが、なんていい言葉だろうと思う。いろいろな苦労や辛い思いもしてきたことだろう。そんな人が一〇一歳になって言える「おきばりやす」は、どの言葉よりも励みになった。

数年前からお茶を習い始めたのだが、その理由の一つが、あーちゃんの一〇〇歳の誕生日のお祝いに何かお返しがしたい、と思ったからだった。子供の頃からあーちゃんが点ててくれたお茶をずっと飲んでいたが、私が点ててあげたことは一度もなかった。お茶の先生の猛特訓のお陰で、無事一〇〇歳のお誕生日に千歳盆《ちとせぼん》というお点前を披露できた。「うん、お茶美味しいわ」の一言に心からホッとした。今もお茶のお稽古には、あーちゃんから貰った袱紗《ふくさ》を使っている。お茶で彼女と繋がっていると思うと、心が晴れやかになる。しんどいことがあっても、まぁおきばりやす、と思えるようになった。

臨済宗大徳寺派の塔頭である聚光院《じゅこういん》は、お茶にゆかりのあるお寺。一五六六年（永禄九年）、武将の三好義継《みよしよしつぐ》が養父であった三好長慶《みよしながよし》の菩提を弔うため建立した。聚光院の名称は、長慶の法名から来ている。開祖の笑嶺宗訢《しょうれいそうきん》に千利休が参禅《さんぜん》（師の元で禅の修行をすること）していたことから、境内には利休の墓所が建てられた。茶道三千家の菩提所にもなっていて、今も利休の月命日にはお茶の供養が行われる。

❖庭に満ちる千利休の気迫と美学

ここは通常非公開なので普段は見ることができないが、二〇一六年三月から一年間、創建四五〇年を記念して予約者にのみ公開された。この時、狩野松栄《かのうしょうえい》（一五一九～一五九二年）と狩野永徳《かのうえいとく》（一五四三～一五九〇年）親子による全四六面の障壁画などが九年振りに京都国立博物館から里帰りし、聚光院に飾られた。

方丈・室中の間を飾る襖絵は、狩野永徳が二四歳の時描いた「花鳥図」。狩野永徳は狩野元信の孫。狩野派の中でも優れた絵師だったので、当時の権力者から重用され安土城、聚楽第、大阪城などの障壁画を手掛けたが、不幸なことにそれらはすべて残っておらず、彼の作品は非常に少ない。聚光院の襖絵はとても貴重だ。

方丈の前には、「百積《ひゃくせき》の庭」（または「百石の庭」）と呼ばれる枯山水庭園がある。千利休の作と言われるが、確証的な資料は残っていない。しかし、ここの石の並び方はかなり独創的だ。大きな石はあまり使われず、全体的に小ぶりなサイズのものが多い。庭の後方、東から西にかけてずらっと横に石が並ぶ。真ん中に据えられた石橋がフォーカルポイントとなり、東と西の石の景色を繋いでいる。全体の石の高さも抑え

百積の庭には小ぶりな石が横に並び、特徴ある風景を作り出している。

られているので、石橋がより強調される。迫力がある庭というよりは、それぞれの石の形や色で楽しませる、といった趣き。庭の大部分が苔で覆われていて、静かで落ち着きのある庭園だ。こういう景色を「充実した静けさ」と呼ぶのだろう。

他に類を見ないデザインなので、千利休が作庭したと想像すると一層面白い。彼の審美眼を以て庭石が選ばれているのかもしれないと思うと、一つ一つの石の個性が際立っているのも納得できる。あれでもない、これでもない、とまるでお茶の道具を見立てるかのように石を探す千利休の姿を妄想してもいいだろう。

昭和の作庭家であり庭園研究家の中根金作は、著書「京都名庭百選」の中でこう述べている。「優れた数寄者は表面には現れぬ鋭い美の感覚を秘めている。茶の湯の表現する美の世界は表に現れぬ美、これである。詫びの美とはかくのごときものである。この庭園にはこうした美と鋭利な感覚が秘められている」。この文章を読むと、中根金作も千利休が作ったことを想像して楽しんでいるように思える。

一説には、ここの庭は室中の間に飾られた狩野永徳の「花鳥図」と呼応して作られたと言われている。そう思って襖絵を見ると、山の中を流れる川や滝、そして石の形が、庭の景色とよく合っている。絵の中の川の流れが右にいったん消え、まるでそのまま庭に繋がっていくようだ。そして、個性的な庭石は襖に描かれている永徳の特徴的な石とそっくりだ。もし千利休がここを作庭したとすれば、桃山時代を代表する芸

百積の庭の真ん中に据えられた石橋。

術家のコラボが実現した夢の空間と言える。この時、千利休と狩野松栄は四〇代、永徳二〇代。一緒にわいわいと襖と庭を作っている姿を想像すると何とも楽しい。

聚光院でお手伝いをされている女性の方にお話を伺った。「この庭の中央に植えられた松は、江戸時代からあると言われています。そして沙羅双樹の木は千利休お手植えと言われるもので、今の木で三代目。でも最初のものも昭和三八年まであったんですよ」。そして、女性らしい観点でこの庭を解説してくださった。「ここは男の美意識で作られた庭だと思います。女性が作るとどうしても色がついてしまう。禅宗寺院ということもありますが、千利休の厳しさや気迫のようなものを庭から感じます」。この庭を長く間近で見てこられた人のお話は面白い。縁側に座っていると、利休の庭と永徳の襖絵が呼応した男の美学を感じるそうだ。

庭の生垣の向こうには、三好長慶と千利休の墓所がある。今も時々生垣を越えて、利休が庭を眺めて楽しんでいるのかも……と勝手な想像をしていると、庭に一陣の風が吹き抜けた。爽やかな、優しい風だった。

ここの場所は、時間を感じさせない、何か違う次元と繋がるような雰囲気がある。時間という垣根を越えて、ここで過ごした人の思いや感性を感じることができる。そして古《いにしえ》の人と繋がることができる。聚光院の庭は、まさに今と昔が「呼応する庭」なのだ。

左手に江戸時代からのものと言われる松、右手に千利休お手植えと言われる沙羅双樹が見える。

1

2

3

[1] 百積の庭の個性的な石は、
室中に飾られた狩野永徳の
「花鳥図」に描かれた石に類似している。

[2] 寺院では上部が尖頭アーチ状をした
花《か》頭《とう》窓《まど》がよく見られるが、
これはその変形で珍しいデザイン。

[3] 自然の石を利用した苔むした石橋。
この庭の歴史を感じさせる。

おわりに

前作の本を出版した後、ある男性の方が庭園ツアーに参加してくださった。その方は、足の手術で入院されている時に私の本を見つけ、リハビリを兼ねて本に載っている庭を巡ってくださっていた。本には付箋がビッシリと付けられ、行ったところには丸が付いていた。「最初は歩くために巡っていましたが、段々楽しくなってきて……。リハビリ後も自分で庭巡りを楽しんでいます」。とても嬉しい言葉だった。

その方は、ついに二年かけて全庭園を制覇。最後の庭園の時、ちょうど私のツアーでご一緒できたので、その方の本に「おめでとうございます」と書かせていただいた。心に残る出来事だった。

本を出版したことで、沢山の方から嬉しいお言葉をいただいた。ようやく自分の中で一つやり遂げた気持ちになれた。会社を辞め、海外の園芸学校に行き、好き勝手してきたが、諦めたことも多かった。他の人が簡単にできて、自分にはどうしてもできないこともあった。しかし園芸の道を選び、庭のデザインができることや、こうやって庭について本を書き、読んでいただけるのは、本当に幸せなことだと思う。

今回の本は、なるべく関係者の方から庭のお話を伺いたいと思った。庭師の方、お寺の方、維持管理している方、オーナーの方など、庭の一番身近な方々のお話を伝えたかった。

庭にまつわるエピソードは、石や植物、歴史といろいろあるが、最後はやはり「人」だと思う。今回取材して一番感じたのは、良い庭は、案内してくださる方も「良い方」だということ。良い庭が良い人を作るのか、良い人が良い庭を作るのか、どこの場所もそうであった。

その庭への愛情や思い出、どんな想いで日頃管理されているのか、そんなお話を伺えば伺うほど、その庭の美しさがよく伝わった。手を掛けてもらえばもらうほど、庭は美しくなる。すべて「人」なのだ。

今回この本の原稿を書いている途中、母方の祖母が一〇一才で他界した。祖母の朗らかな笑顔が好きで、ぜひ祖母のことを書こうと思っていた矢先だったので、完成した本を見せてあげられなかったことに悔いが残る。しかし祖母はどこからでもこの本を手に取って楽しんでくれているような気がする。聚光院の章で祖母のことを書かせていただき、私なりの供養ができたように思う。

今回お忙しい中お時間を作っていただき、取材にご協力いただいた皆様には、厚くお礼を申し上げたい。素敵なエピソードを教えていただき、時には資料までいただいた。誠文堂新光社の樋口聡さん、編集の山本貴也さん、素晴らしい写真を撮ってくださったカメラマンの三宅徹さんには本当に感謝している。

そして心踊る美しいお写真をご提供いただいた写真家の中田昭先生、素晴らしい作品をご紹介くださった華道家の清水南龍先生、いつもお稽古で励ましてくださり、取材がスムーズに行くようお世話してくださったお茶の先生の佐々木宗博先生には、心より感謝を申し上げたい。また友人達の支えや、庭園にまつわる本を見つける度にプレゼントしてくれる母のお陰で、この本を完成することができた。

最後になったが、この本を手に取って最後まで読んでくださった皆様に格別のお礼を申し上げたい。本当にありがとうございました。

二〇一八年　春　　烏賀陽 百合

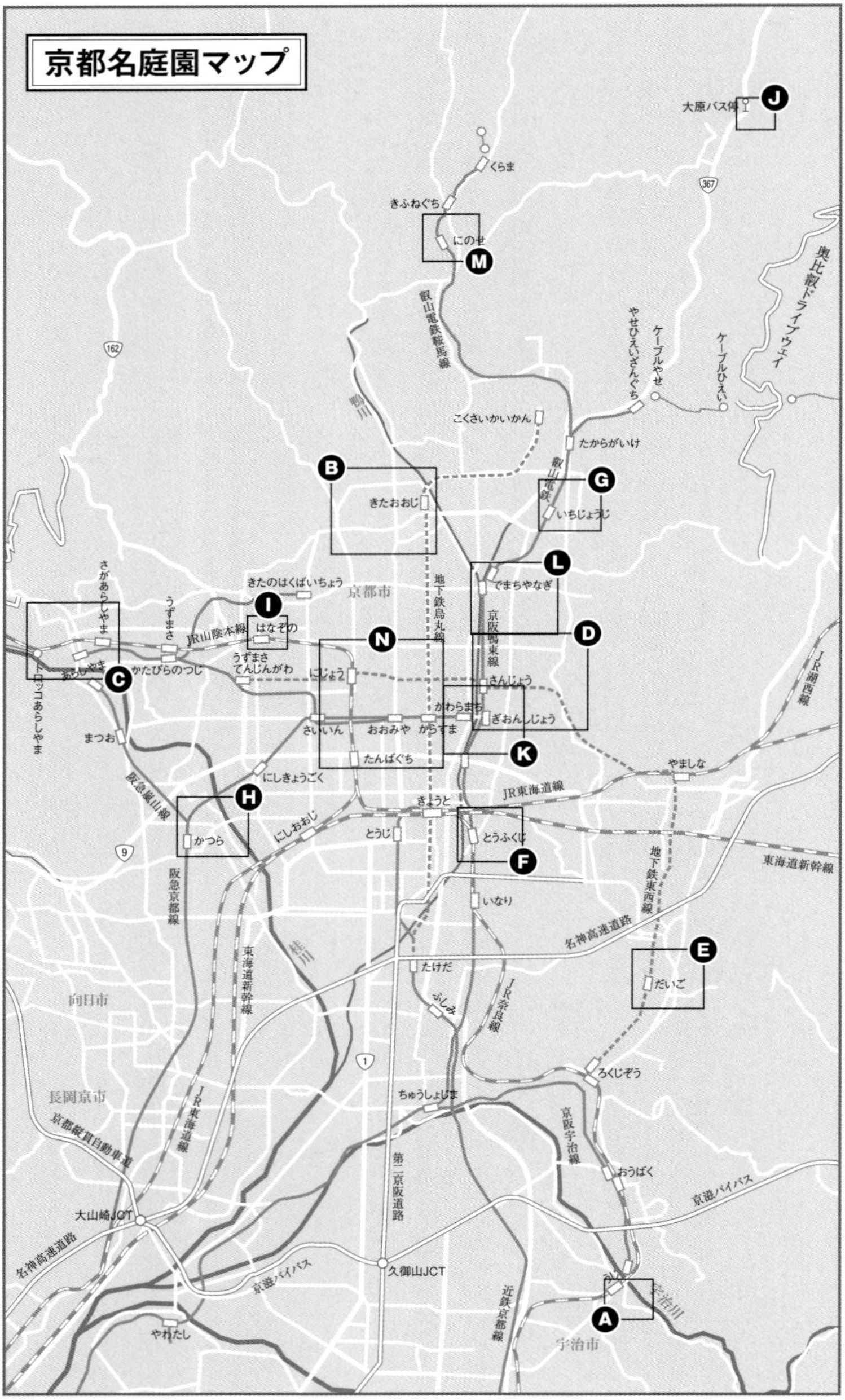
京都名庭園マップ
大原バス停
J
367
くらま
きふねぐち
にのせ
M
奥比叡ドライブウェイ
ケーブルひえい
ケーブルやせ
やせひえいざんぐち
162
叡山電鉄鞍馬線
鴨川
こくさいかいかん
たからがいけ
B
きたおおじ
叡山電鉄
G
いちじょうじ
L
でまちやなぎ
地下鉄烏丸線
京都市
きたのはくばいちょう
I
はなぞの
さがあらしやま
うずまさ
JR山陰本線
京阪鴨東線
D
JR湖西線
N
トロッコあらしやま
あらしやま
C
かたびらのつじ
うずまさ
てんじんがわ
にじょう
さんじょう
かわらまち
ぎおんしじょう
まつお
さいいん
おおみや
からすま
K
たんばぐち
やましな
にしきょうごく
JR東海道線
阪急嵐山線
H
きょうと
かつら
にしおおじ
とうじ
とうふくじ
F
東海道新幹線
9
阪急京都線
地下鉄東西線
いなり
名神高速道路
東海道新幹線
桂川
E
たけだ
だいご
向日市
ふしみ
JR奈良線
1
ろくじぞう
長岡京市
ちゅうしょじま
JR東海道線
京都縦貫自動車道
京阪宇治線
おうばく
第二京阪道路
京滋バイパス
大山崎JCT
名神高速道路
久御山JCT
京滋バイパス
宇治
宇治川
A
近鉄京都線
やわたし
宇治市

A
宇治武田病院
宇治橋西詰
247
宇治川
JR奈良線
平等院表参道
宇治第一ホテル
上林記念館
橘橋
朝霧橋
うじ
15
教栄寺
3
源頼政の墓
橘島
平等院(P14)
縣神社
平等院ミュージアム
鳳翔館
塔ノ島
十三重石塔
3
菌林寺
善法寺
肥後修験六水院関西別院
莵道小
宇治市役所前集会所

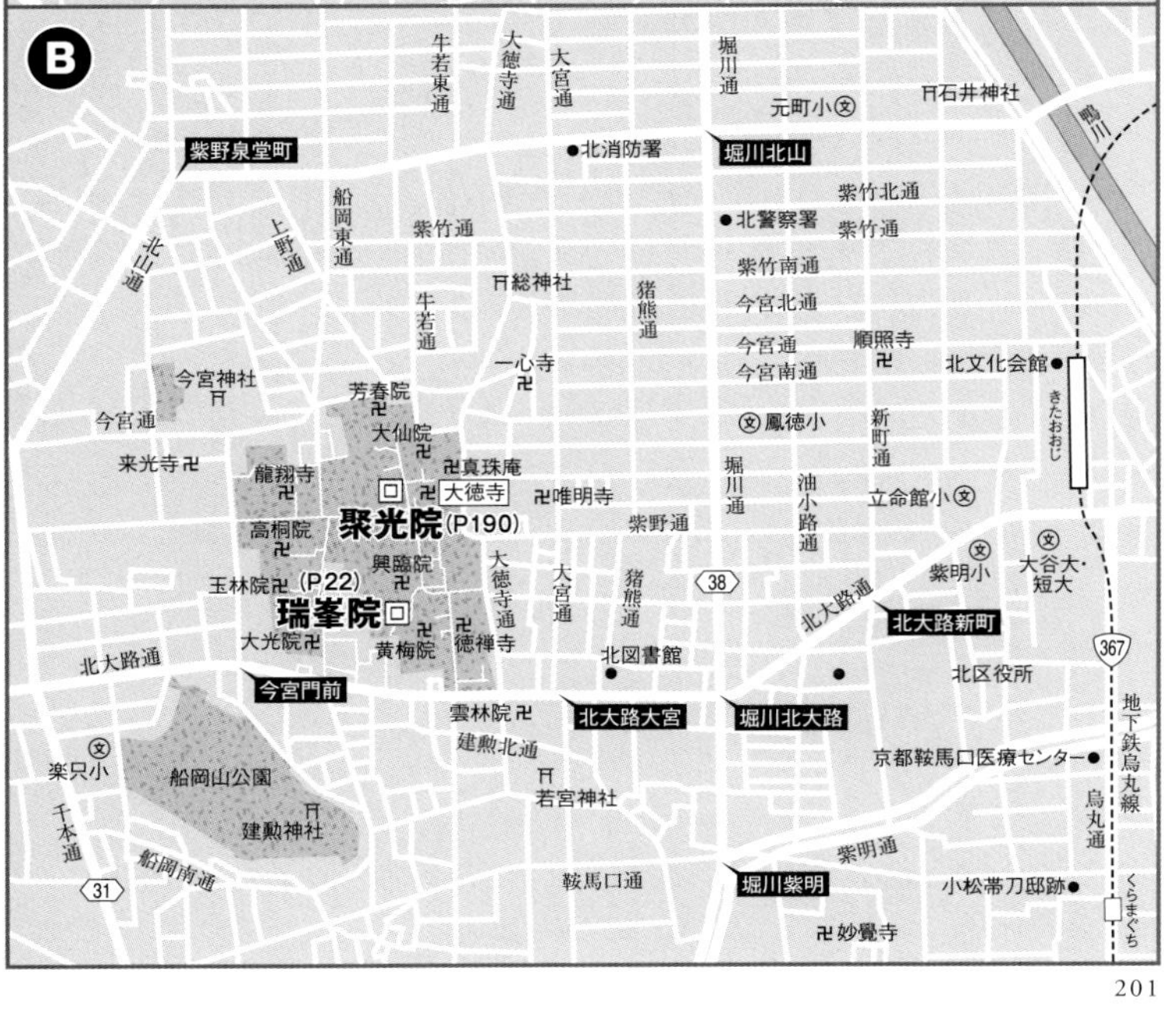
B
牛若東通
大徳寺通
大宮通
堀川通
元町小
石井神社
紫野泉堂町
北消防署
堀川北山
鴨川
紫竹北通
船岡東通
上野通
北山通
紫竹通
北警察署
紫竹通
総神社
猪熊通
紫竹南通
今宮北通
牛若通
今宮通
順照寺
今宮南通
一心寺
北文化会館
今宮神社
芳春院
きたおおじ
今宮通
大仙院
鳳徳小
新町通
来光寺
真珠庵
龍翔寺
堀川通
油小路通
大徳寺
唯明寺
立命館小
聚光院(P190)
高桐院
紫野通
大徳寺通
紫明小
大谷大・短大
興臨院
玉林院(P22)
大宮通
猪熊通
38
北大路通
瑞峯院
北大路新町
徳禅寺
大光院
黄梅院
367
北大路通
北図書館
北区役所
今宮門前
雲林院
北大路大宮
堀川北大路
地下鉄烏丸線
建勲北通
楽只小
京都鞍馬口医療センター
船岡山公園
若宮神社
烏丸通
千本通
建勲神社
紫明通
船岡南通
鞍馬口通
31
堀川紫明
小松帯刀邸跡
くらまぐち
妙覺寺

C
愛宕神社
落柿舎
嵯峨小
187
常寂光寺
嵯峨公園
29
小倉池
さがあらしやま
とろっこさが
JR山陰本線
安立寺
京都嵐山
オルゴール博物館
野宮神社
御髪神社
とろっこあらしやま
嵯峨野観光線
亀山陵
弘源寺
三秀院
金剛院
妙春寺
135
京福嵐山本線
らんでんさが
天龍寺
(P30)
曹源池
嵐山公園
(亀山公園)
宝厳院
永明院
妙智院
あらしやま
臨川寺
角倉稲荷神社
渡月橋
清滝道三条
桂川
渡月橋
嵐山公園
(中之島公園)

D
聖護院門跡
金戒光明寺
哲学の道
白川通
熊野神社
丸太町通
東山丸太町
じんぐうまるたまち
東大路通
岡崎神社
泉屋博古館
鴨川
平安神宮
岡崎中
天王町
京阪鴨東線
川端警察署
松岳院
岡崎公園
禅林寺(永観堂)
川端二条
東山二条
みやこめっせ
京都市勧業館
帰雲院
頂妙寺
京都国立
近代美術館
京都市
美術館
京都市動物園
慈氏院
仁王門通
無鄰菴(P146)
鹿ヶ谷通
南禅寺
京都文教中・高
京都文教短大
国際交流会館
仁王門通
真乗院
水路閣
孫橋通
東山三条
並河靖之七宝記念館
(P138)
金地院(P40)
さんじょうけいはん
大将軍塚
ひがしやま
さんじょう
粟田神社
けあげ
大日山墓地
華頂女子中・高
知恩院前
青蓮院
地下鉄東西線
日向大神宮
京阪本線
白川
東大路通
知恩院
何必館・
京都現代美術館
ぎおんしじょう
円山公園
四条通
祇園
八坂神社
長楽寺
円山音楽堂
将軍塚

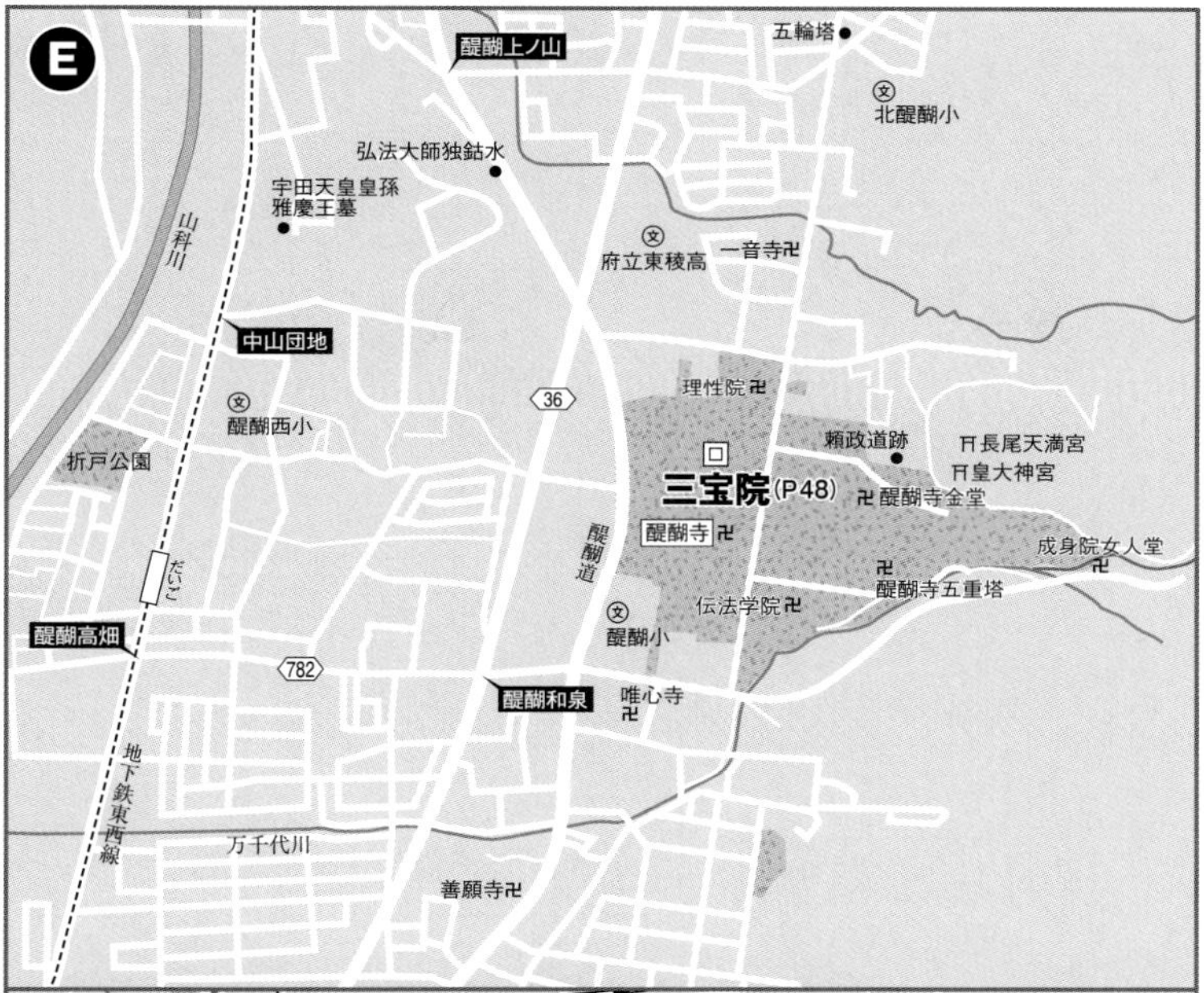
E
醍醐上ノ山
五輪塔
北醍醐小
弘法大師独鈷水
宇田天皇皇孫
雅慶王墓
山科川
府立東稜高
一音寺
中山団地
理性院
36
醍醐西小
頼政道跡
長尾天満宮
皇大神宮
折戸公園
三宝院(P48)
醍醐寺金堂
醍醐寺
醍醐道
成身院女人堂
だいご
醍醐寺五重塔
伝法学院
醍醐小
醍醐高畑
782
醍醐和泉
唯心寺
地下鉄東西線
万千代川
善願寺

F
東海道本線
即成寺
徳善寺
日吉南道
新熊野神社
東大路道
浄心寺
東海道新幹線
京阪本線
143
剣神社
泉涌寺道
延仁寺
泉涌寺道
鳥戸野陵
洞雲寺
即成院
とうふくじ
とうふくじ
妙覚寺
京都第一
赤十字病院
戒光寺
九条通
143
勝林寺
新善光寺
今熊野観音寺
鴨川
師団街道
退耕庵
悲田院
善能寺
後堀河天皇
観音寺陵
栗棘庵
日吉ヶ丘高
泉涌寺
(P58)
一華院
雲龍院(P120)
通天橋
天得院
大雲院南谷別院
芬陀院
東福寺
(P84)
東光寺
JR奈良線
京都国際中・高
念佛寺
正覚庵
仲恭天皇九條陵
とばかいどう
光明院
十条通
藤原俊成の墓

G
一乗寺ひいらぎ公園
愛宕灯籠
清賢院
104
東大路通
北泉道
宮内少輔城址
叡山電鉄叡山本線
西浦畑児童公園
西圓寺
曼殊院道
圓光寺
(P94)
修学院第二小
いちじょうじ
白川通
詩仙堂(P66)
曼殊院道
一乗寺下り松
八大神社
辻児童公園
本願寺北山別院
一乗寺公園
修学院中
金福寺
舞楽寺八大天王社宮跡碑
波切不動尊
野田児童公園
北大路通
白川通北大路

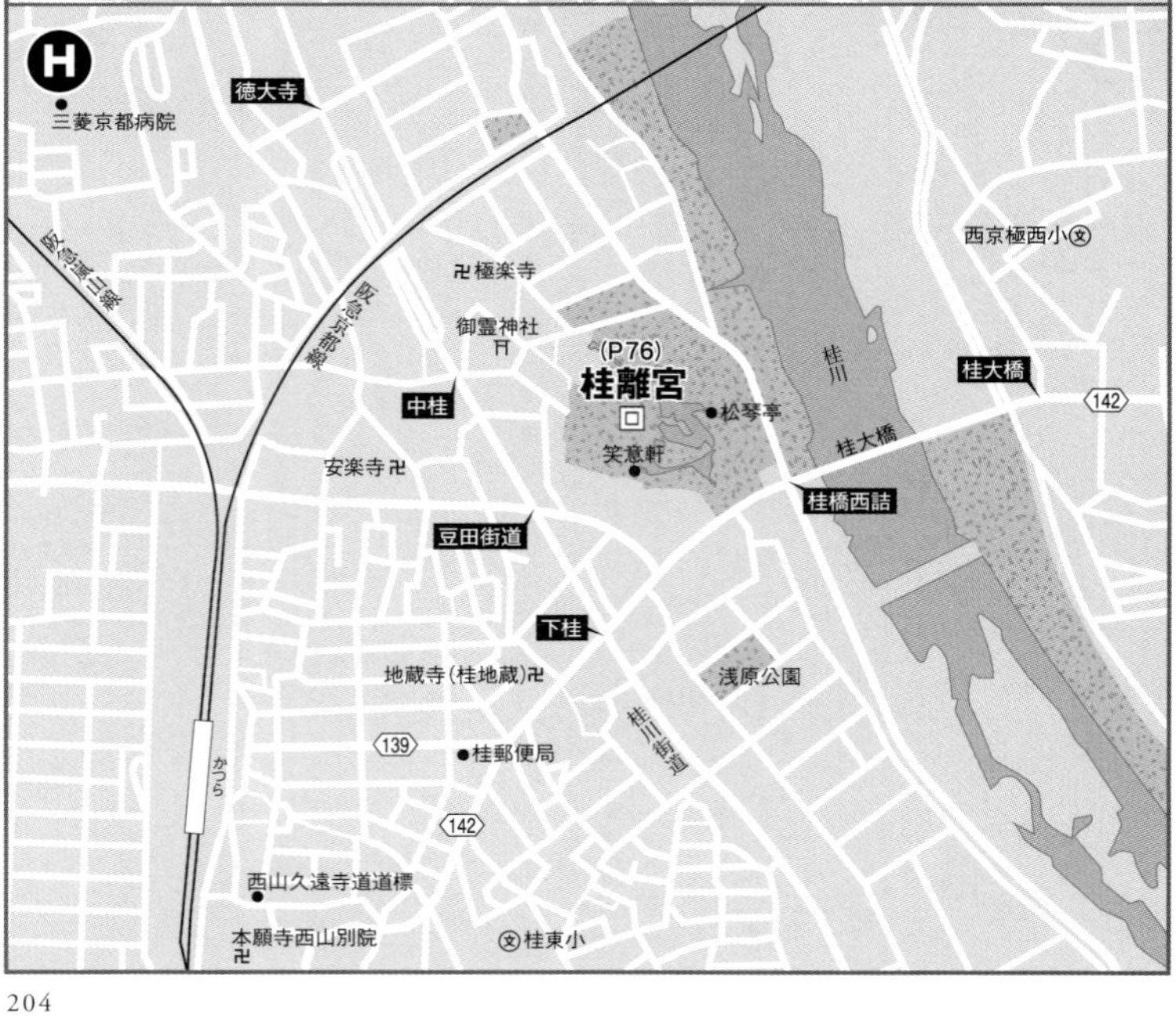
H
三菱京都病院
徳大寺
西京極西小
阪急京都線
極楽寺
御霊神社
(P76)
桂離宮
桂川
桂大橋
142
中桂
松琴亭
笑意軒
桂大橋
安楽寺
桂橋西詰
豆田街道
下桂
地蔵寺(桂地蔵)
浅原公園
桂川街道
139
桂郵便局
かつら
142
西山久遠寺道道標
本願寺西山別院
桂東小

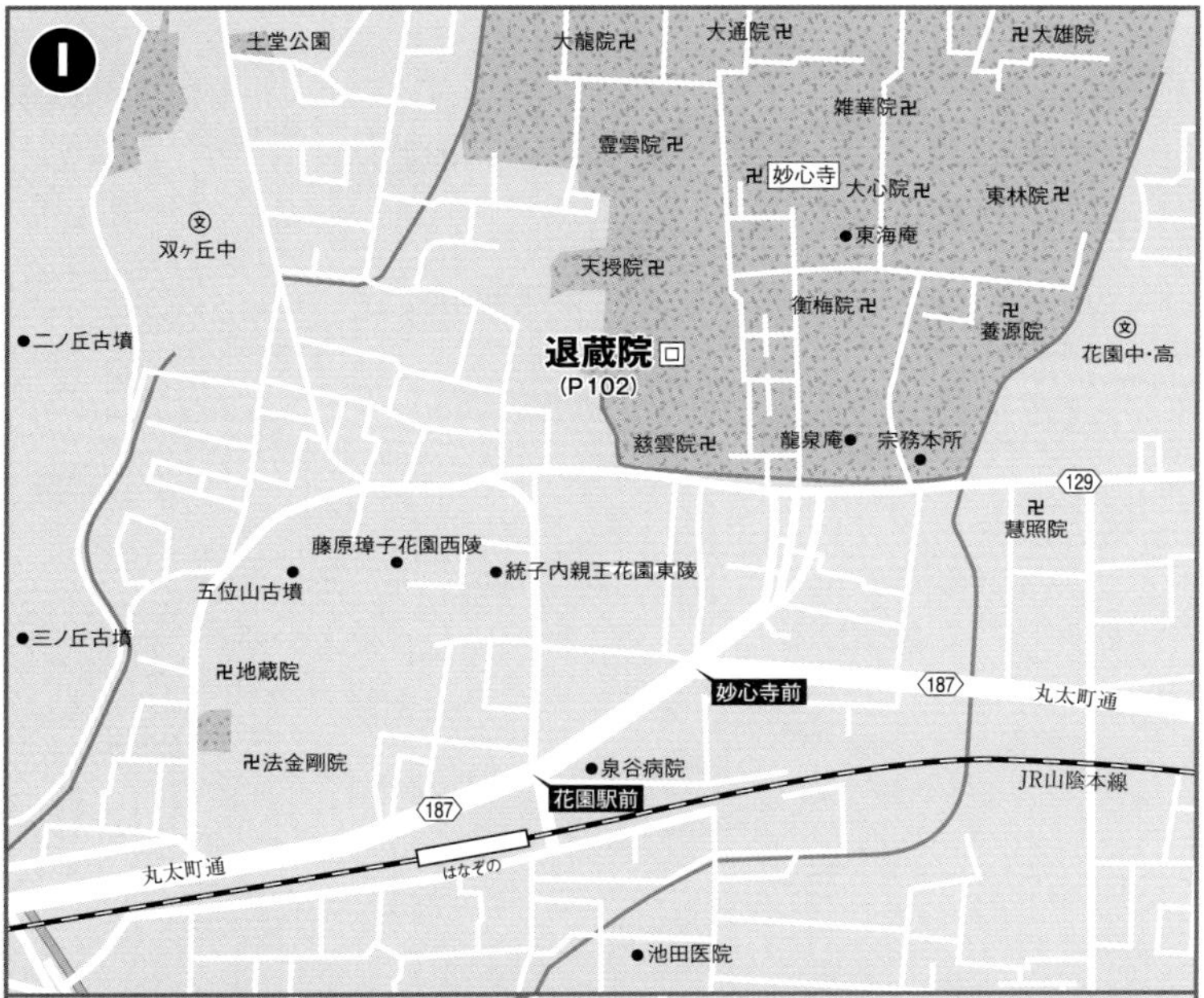
I
土堂公園
大龍院
大通院
大雄院
雑華院
霊雲院
妙心寺
大心院
東林院
双ヶ丘中
東海庵
天授院
衡梅院
養源院
二ノ丘古墳
退蔵院
(P102)
花園中・高
慈雲院
龍泉庵
宗務本所
129
慧照院
藤原璋子花園西陵
五位山古墳
統子内親王花園東陵
三ノ丘古墳
地蔵院
妙心寺前
187
丸太町通
法金剛院
泉谷病院
花園駅前
JR山陰本線
187
丸太町通
はなぞの
池田医院

J
高野川
367
大原学校前バス停
宝泉院(P128)
大原小
勝林院
大原中
マリアの心臓
服部神社
実光院
大原バス停
三千院
勝手神社
音無の瀧
往生極楽院
大原観光保勝会
大原の里
わらべ地蔵
魚山園
北谷川
大原念仏寺
浄蓮華院
魚山来迎院
367
蓮成院
同志社大学
農緑館
小の山荘
山城大原郵便局
梅の宮前バス停
梅宮神社
三千院道
出世稲荷神社

K
河原町三条
さんじょう
哲学の道
六角通
寺町通
河原町通
先斗町公園
京阪本線
華項女子中・高
良正院
知恩院前
華項道
宝蔵寺
鴨川
先斗町通
源光院
祇園巽橋
新橋通
知恩院
白川
東大路通
錦町市場商店街
何必館・
京都現代美術館
八坂神社
四条河原町
四条通
かわらまち
阪急京都線
ぎおんしじょう
仲源寺
四条通
祇園
円山公園
花見小路通
東大路通
勝園寺
大和大路通
正伝永源院
仏光寺通
祇園甲部歌舞練場
河原町仏光寺
建仁寺（P156）
ねねの道
寺町通
西来院
久昌院
圓徳院
高台寺
安井金比羅宮
石塀小路
高台寺公園
禅居庵
宮川町歌舞練場
松原通
大統院
松原通
六道珍皇寺
河原町通
壽延寺
二寧坂（二年坂）
清水道
西福寺
清水三年坂美術館
六波羅蜜寺
東山区役所
清水坂

L
叡山電鉄叡山本線
京都大学グラウンド
高野川
京都民医連
第二中央病院
鴨川
でまちやなぎ
東大路通
百万遍知恩寺
京都大学農学部
長徳寺
河原町今出川
常林寺
如意寺
正定院
賀茂大橋
101
今出川通
101
百万遍
志賀越道
京都大学総合博物館
京都大学
吉田神社
川端東一条
東一条通
東山東一条
京都精華学園中・高
重森三玲庭園美術館（P164）
山蔭神社
京阪鴨東線
京都府立医大
志賀越道
京都大学
総合人間学部
吉田東通
京都大学
医学部
東大路通
吉田山荘
近衛通
東山近衛
鴨川
荒神橋東詰
真正極楽寺（真如堂）
近衛中
京都大学
東南アジア研究所
図書室
京都大学
医学部附属病院
善正寺
栄摂院
梅端庵
金戒光明寺
聖護院門跡

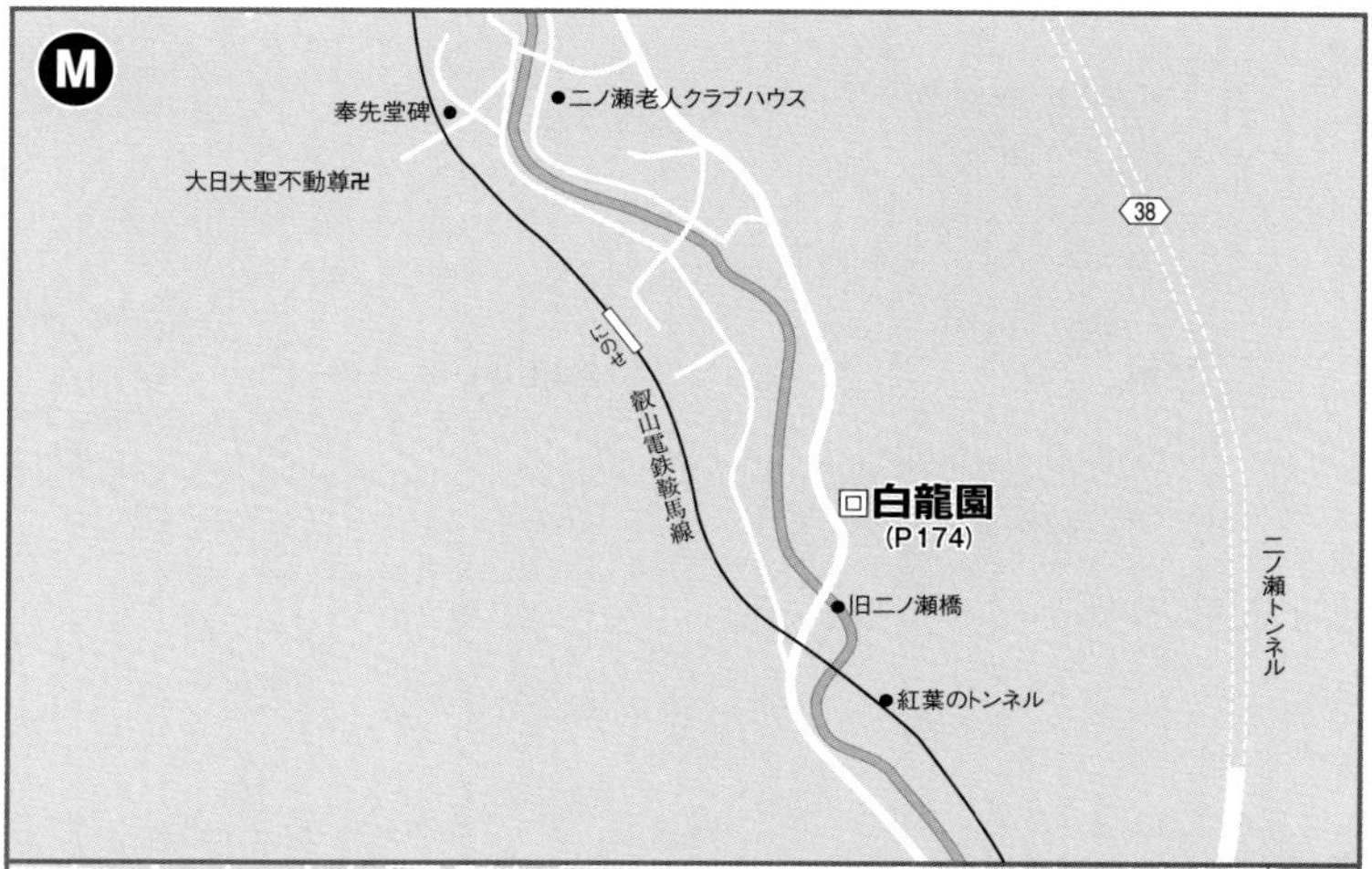
M
奉先堂碑
二ノ瀬老人クラブハウス
大日大聖不動尊卍
38
にのせ
叡山電鉄鞍馬線
白龍園
(P174)
旧二ノ瀬橋
紅葉のトンネル
二ノ瀬トンネル

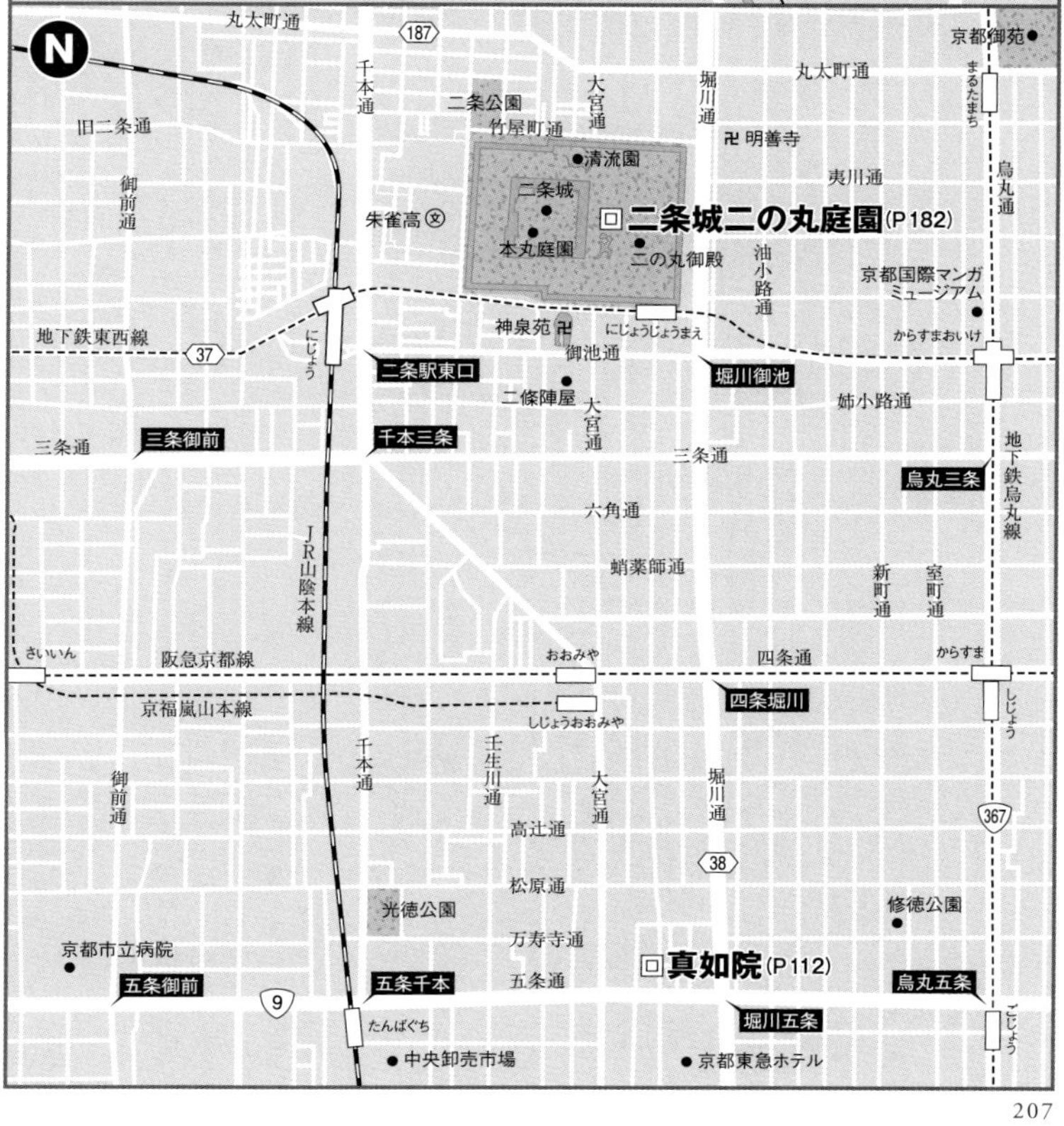
N
丸太町通
187
千本通
二条公園
大宮通
堀川通
丸太町通
京都御苑
まるたまち
旧二条通
竹屋町通
卍 明善寺
清流園
夷川通
烏丸通
御前通
二条城
朱雀高
本丸庭園
二条城二の丸庭園(P182)
二の丸御殿
油小路通
京都国際マンガミュージアム
神泉苑 卍
にじょうじょうまえ
からすまおいけ
地下鉄東西線
37
にじょう
御池通
二条駅東口
堀川御池
二條陣屋
姉小路通
大宮通
三条通
三条御前
千本三条
三条通
烏丸三条
地下鉄烏丸線
六角通
蛸薬師通
新町通
室町通
JR山陰本線
さいいん
阪急京都線
おおみや
四条通
からすま
四条堀川
京福嵐山本線
しじょうおおみや
しじょう
千本通
壬生川通
大宮通
堀川通
御前通
367
高辻通
38
松原通
光徳公園
修徳公園
万寿寺通
京都市立病院
真如院(P112)
五条御前
五条千本
五条通
烏丸五条
9
堀川五条
たんばぐち
ごじょう
中央卸売市場
京都東急ホテル

撮影・野口さとこ

烏賀陽百合（うがや・ゆり）

京都市生まれ。庭園デザイナー、庭園コーディネーター。同志社大学文学部日本文化史卒業。兵庫県立淡路景観園芸学校、園芸本課程卒業。カナダ・ナイアガラ園芸学校で3年間学ぶ。イギリスの王立キューガーデンでインターンを経験。2017年3月にNYのグランドセントラル駅構内に石庭を出現させ、プロデュースした。現在東京、大阪、広島など全国のNHK文化センターで庭園講座、京都、鎌倉でガーデニング教室を行う。また毎日新聞旅行で庭園ツアーも開催。著書に『一度は行ってみたい 京都絶景庭園』（光文社）がある。

京都《きょうと》の庭園《ていえん》デザイナーが案内《あんない》
しかけに感動《かんどう》する「京都《きょうと》名《めい》庭園《ていえん》」

2018年3月18日　発　行　　NDC 689
2023年2月13日　第4刷

著　者　烏賀陽百合《うがやゆり》
発行者　小川雄一
発行所　株式会社 誠文堂新光社
〒113-0033　東京都文京区本郷3-3-11
電話 03-5800-5780
URL https://www.seibundo-shinkosha.net/
印刷所　株式会社 大熊整美堂
製本所　和光堂 株式会社

ISBN 978-4-416-61831-8